Marion Leuschner

ALLES IST FÜR ETWAS GUT

DIE PERFEKTE LEBENSEINSTELLUNG FÜR MEHR GLÜCK UND LEICHTIGKEIT

Schirner Verlag

Die Ratschläge in diesem Buch sind sorgfältig erwogen und geprüft. Sie bieten jedoch keinen Ersatz für kompetenten medizinischen Rat. Alle Angaben in diesem Buch erfolgen daher ohne Gewährleistung oder Garantie seitens der Autorin oder des Verlages. Eine Haftung der Autorin bzw. des Verlages und seiner Beauftragten für Personen-, Sach- und Vermögensschäden ist ausgeschlossen.

Wir verzichten auf das Einschweißen unserer Bücher – **UNSERER UMWELT ZULIEBE!**

ISBN 978-3-8434-1384-8

Marion Leuschner:
Alles ist für etwas gut
Die perfekte Lebenseinstellung für mehr Glück und Leichtigkeit

Umschlag: Elena Lebsack, Schirner, unter Verwendung von # 131327450 (© redstone), www.shutterstock.com
Layout: Elena Lebsack, Schirner
Lektorat: Natalie Köhler, Schirner
Printed by: Ren Medien GmbH, Germany

www.schirner.com

1. Auflage April 2019

Inhalt

Eine Lebenseinstellung zum Glücklichsein

Liebe Leserin, lieber Leser, ich freue mich sehr, dich zu deiner Reise in eine leichtere, glücklichere Welt begrüßen zu dürfen. Ich bin sehr berührt und tief ergriffen von dem Gedanken, dir mit meinem Buch Leichtigkeit schenken zu dürfen. Glück und Frieden – welch großartige, umwerfende Vision diese Wörter in sich tragen! Ich fühle eine tiefe Dankbarkeit angesichts der neuen Lebenseinstellung, die mir selbst damit geschenkt wurde. Mögen auch dir die Worte »Alles ist für etwas gut« helfen, und möge diese »Zauberformel« ihre Magie in deinem Leben entfalten und es leichter und glücklicher machen. Sie wird dich zugleich befreien und erleichtern und schenkt dir die Möglichkeit, endlich mit jeder Situation, jedem Menschen und jedem Ereignis in deinem Leben Frieden zu schließen. Du brauchst nicht mehr zu kämpfen und kannst alles so annehmen, wie es ist – auch dich selbst. So fließt die gebundene Energie zurück zu dir, und du kannst mit ihrer Kraft dein glückliches Leben manifestieren. Ich wünsche dir von ganzem Herzen, dass du den genialen Plan hinter allem erkennst. Die Liebe hinter jedem Ereignis und Menschen will sich dir jetzt zeigen.

Die Idee zu diesem Buch kam mir nach einem sehr bedrückenden Erlebnis. Es war eine dieser Situationen, in denen man sich fragt: »Warum geschieht das jetzt?« Ich war absolut nicht einverstanden mit den Dingen, mit meinem Schicksal und den Ereignissen in meinem Leben, und ich wusste im ersten Moment nicht, wie ich damit umgehen sollte. Alles schien mir zu groß, und ich hatte das Gefühl, der Sache nicht gewachsen zu sein, dass alles umsonst gewesen sein sollte. Ich war enttäuscht vom Leben, von den Menschen und mir selbst. Doch nachdem ich den ersten Schreck überwunden hatte, traf ich eine Entscheidung: »Jetzt erst recht!«

Am nächsten Tag sah die Welt schon anders aus, und ich kam wieder auf die Beine. Ich war etwas mitgenommen, aber immer noch da. Was sollte ich anderes machen? Ich ging einfach weiter meinen Weg, egal, was die anderen dazu sagen würden, ob ich Anerkennung dafür bekommen würde oder ob alles im Sand verlief. Einfach für mich selbst machte ich weiter. Und dann geschah das Wunder. Der scheinbare Untergang, die scheinbare Pleite, löste sich in Nichts auf, und bis auf den Schreck blieb nicht das Geringste übrig von dem Chaos, der Unsicherheit, dem totalen Zusammenbruch.

Das Wunder geschah, weil ich losgelassen hatte. Es kam sogar noch viel besser, noch vollkommener, als ich es mir je hätte vorstellen können, und mir wurde auf einmal bewusst, dass diese Ereignisse einem Muster folgen, ähnlich der Heldenreise in einem Film. Der Held hat ein Ziel, geht darauf zu und erreicht es fast. Doch kurz, bevor es ihm gelingt, sieht es so aus, als würde es nicht klappen. Dann, am Ende, wird alles gut. Deshalb kann ich dir direkt am Anfang versprechen: Es wird gut, und alle deine Träume – wenn es denn deine echten Herzensträume sind – werden sich erfüllen.

Was genau hat dich angesprochen, als du dieses Buch gesehen hast? War es der Titel »Alles ist für etwas gut«? Oder war es das schöne Cover? Gibt es in deinem Leben Dinge, bei denen du nicht verstehst, wofür sie gut gewesen sein sollen? Willst du verstehen, wofür sie richtig und wichtig waren? Siehst du bei manchen Erlebnissen auch ganz klar vor dir, was sie letztlich bewirkt haben? Hast du möglicherweise schon die Ahnung oder Hoffnung, dass alles aus einem bestimmten Grund geschieht, erkennst ihn aber gerade bei scheinbar schlimmen Ereignissen noch nicht? Dann bist du hier richtig, denn ich zeige dir in diesem Buch, wie du Verständnis für vergangene Erfahrungen entwickeln und so besser mit anstehenden Herausforderungen umgehen kannst. Es wird dich in Frieden mit allem und jedem bringen. Die einzige Voraussetzung dafür ist deine Offenheit für diese Möglichkeit. Da du dieses Buch in dein Leben geholt hast, nehme ich an, dass du in Frieden kommen möchtest, dass du frei sein möchtest. Falls dir das an dieser Stelle noch nicht so klar ist, wirst du später erkennen, dass auch das für etwas gut ist.

Vielleicht liefen und laufen viele Dinge in deinem Leben noch nicht so rund, und du kannst dein Leben noch nicht so genießen, wie du es dir wünschst. Aber das gehört jetzt der Vergangenheit an! Du wirst feststellen, dass du dir wieder erlauben wirst, dich zu freuen. Du willst ein Leben voller Freude und Leichtigkeit erfahren. Du willst in Liebe loslassen können. Du willst deine Mitmenschen und dich selbst lieben, und zwar bedingungslos, wie einst als Kind. Du willst wieder staunen und entzückt durch die Welt gehen. Du willst glücklich sein. Dafür bist du hier. Diese Motivation ist gut, denn dank ihr hast du nie aufgegeben, zu suchen. Du darfst nicht nur glücklich sein, nein, es ist deine Berufung, deine Bestimmung.

GLÜCKLICHSEIN IST DEINE BESTIMMUNG.

Für dich und deine Mitmenschen, ja sogar für die ganze Welt, ist es wichtig, dass du glücklich bist. Jetzt ist genau der richtige Zeitpunkt, um damit anzufangen. Genau jetzt ist der Moment, in dem du einen riesigen Sprung in deinem Leben machen kannst.

Vielleicht ahnst du ja schon, dass alles für etwas gut ist, konntest aber in besonders schwierigen Situationen nicht glauben, dass dieses schlimme Ereignis, diese Erfahrung für etwas gut sein sollte. Das liegt daran, dass unser Verstand nicht alle Zusammenhänge des Lebens erfassen kann. Meist wird dir erst über die Erfahrung von dem, was du nicht willst, klar, was du dir wirklich wünschst. Damit du den Weg in dieses Leben gehen konntest, mussten sich erst viele Dinge sortieren. Deine Eltern wurden genau zur richtigen Zeit geboren und wuchsen unter genau diesen Bedingungen auf, damit sie deine Eltern werden konnten. Sie lernten sich kennen und lieben. Sie trafen zur richtigen Zeit zusammen, damit du entstehen konntest. Sie besaßen bestimmte Talente und Gaben, die sie an dich weitergaben, damit du das, was du hier auf dieser Erde erleben und vollbringen willst, leben kannst. Deshalb sind gerade die Dinge, die dir nicht so gut gefallen, die scheinbar anders sein sollten, richtungweisend und sehr wichtig. Vielleicht bist du im Unfrieden mit deinen Eltern oder der Vergangenheit, vielleicht sogar mit dir selbst oder einem dir nahestehenden Menschen. Das wird sich durch dieses Buch ändern, denn du wirst erkennen, dass jeder und alles für etwas gut ist und so sein sollte. Die Schlüsselfrage, die ich dir hier schon gleich zu Beginn an die Hand geben möchte, ist:

»WER WEIß, WOFÜR ES WIEDER GUT IST?«

Übe diese Frage für dich und dein Glück, indem du sie dir immer stellst, wenn etwas nicht so läuft, wie du es dir vorgestellt hast. Sei offen für die Antwort, die durchaus anders ausfallen könnte, als du denkst. Immer wenn dich ein überraschendes Erlebnis aus der Bahn wirft, wenn dir etwas begegnet, was du nicht willst, dann frage dich: »Wer weiß, wofür es wieder gut ist?« Allein diese Frage wird dich für eine völlig befreiende, neue Sichtweise öffnen. Du wirst deinen Widerstand aufgeben und deine Ansicht, dass die Menschen oder Erlebnisse anders sein sollten, loslassen können. Widerstand und Kampf halten unliebsame Ereignisse fest. Sie machen dich krank und unbeweglich. Du wirst den Wert aller Menschen und Ereignisse, aller Umstände erkennen und schätzen lernen. Sobald du erkennst, wofür alles bis jetzt gut war, wirst du dankbar sein, dass alles genau so gekommen ist, wie es war. Du kannst schließlich alle Dinge, alle Umstände, alle Erlebnisse offen und neugierig annehmen. Es handelt sich um eine neue Art, die Welt zu sehen. Eine freudige, neue Weltsicht wird dich durchdringen und dir erlauben, froh zu sein, egal, was geschieht. »Alles ist für etwas gut« ist eine Lebenseinstellung, eine Umgangsform der Neuen Zeit. Statt zu kämpfen, erlaubt sie dir, anzunehmen. Statt zu reagieren, kannst du einen Schritt zurücktreten, um die Lage aus einer anderen Perspektive zu betrachten. Du kannst geschehen lassen. Diese neue Sicht ermöglicht es dir, dich zu öffnen für das große Ganze, für die Zusammenhänge und die Überraschungen, die das Leben für dich bereithält.

Alle Angaben werden vertraulich behandelt.
* Der Newsletter kann jederzeit abbestellt werden.

Name/Vorname: ______________________

Straße: ______________________

PLZ, Ort: ______________________

Telefon: ______________________

E-Mail: ______________________

Geburtsdatum: ______________________

Bitte senden Sie mir kostenlos:

- ☐ weitere Informationen aus dem Schirner Verlag
- ☐ den Schirner Newsletter (nur als E-Mail*)
- ☐ das SPIRIT live & Schirner Magazin

Diese Karte entnahm ich dem Buch:

____

Würden Sie dieses Buch weiterempfehlen?

____

Vielen Dank!

Bitte freimachen, falls Marke zur Hand

Antwort

Schirner Verlag
Birkenweg 14a
D-64295 Darmstadt

Was meine ich mit »Alles«?

Mit »Alles« meine ich wirklich alles. Angefangen mit deinem Aussehen, deinem Körperbau, deinen Talenten, Gaben und Interessen, über deinen Weg – auch die scheinbaren Umwege, die du gehst, die Erfahrungen, die du machst – bis hin zu dem Punkt, an dem du jetzt stehst. Ob es um deine Kindheit, deine Jugend, deine Beziehung, deinen Beruf, deine Kollegen, die Tiere, die Natur, deine Wohnung, deine gesundheitliche Verfassung oder deine materiellen Umstände geht:

Alles ist gleich bedeutsam und gut für etwas.

All deine Mitmenschen, deine Nachbarn, Freunde, »Feinde«, Chefs und selbst die Menschen, die dir täglich auf der Straße begegnen, helfen dir auf deinem Weg und sollen genau so sein, wie sie sind. Ob es deine finanzielle Situation, die Stadt, in der du aufgewachsen bist, deine materiellen Güter, deine körperliche Verfassung, deine Art zu denken, deine vermeintlichen Fehler und Defizite sind, du darfst gespannt sein, was das Leben aus diesem »Cocktail« mixen wird. Jetzt, an diesem Punkt in deinem Leben, wirst du erkennen, wofür alles gut war, kannst in Frieden mit allem kommen und ganz bewusst eine neue Realität kreieren. Du manifestierst sie sowieso aus deinen Gefühlen, aus deinen Gedanken und deinem Sein heraus. Deshalb ist es wichtig, aus welchem Seins-Zustand du dein neues Leben erschaffst. Ab jetzt kannst du dich dabei freuen und das Spiel genießen, denn es ist ein Spiel. Energie folgt der Aufmerksamkeit, und negative Gedanken und vergangene Erlebnisse, die dich heute noch belasten, binden deine Energie, die du für dein neues glückliches Leben brauchst. Durch dein neues Verständnis wirst du diese Energien wieder freisetzen, weil du mit allem in Frieden kommst. Dann kannst du sie in die Richtung deiner Träume und Ziele lenken.

Schlucke-die-Kröte-Situation –
Rückschläge festigen deinen Willen

Mit Kröte meine ich einen widrigen Umstand oder ein unangenehmes Ereignis, zum Beispiel eine Absage oder ein Scheitern kurz vor der Erfüllung einer dir wichtigen Sache. Die Kröte zu schlucken, heißt, die Situation zu akzeptieren und als einen Schritt auf deinem Weg anzunehmen. Im Film nennt man das den schwärzesten Moment: Es sieht aus, als wäre das Happy End bereits da, und dann geschieht überraschend etwas Schlimmes, was alles scheinbar zunichtemacht.

Es sieht so aus, als wäre jedes Leben auf dieser Erde so gestrickt. Mittlerweile sind wir in einer neuen schnelleren Zeit angelangt, und wir erleben in einem Leben mehrere Happy Ends. Demzufolge erfahren wir auch mehrere schwarze Momente. Augenblicke, in denen wir in tiefe Löcher fallen und denken, dass nichts mehr geht, und alles aus und vorbei zu sein scheint. Doch diese Situationen zeigen dir nur, wo du vielleicht noch nicht an die Erfüllung deiner Wünsche glaubst, wo du noch vom Gegenteil überzeugt bist. Sie sind Vorboten für deinen Erfolg und kündigen die Veränderung schon an. In der Heilungsphase einer Krankheit nennt man sie Erstverschlimmerung. Diese ist ein Zeichen für die einsetzende Heilung und gehört bereits dazu.

Es ist, als ob du Anlauf nimmst, um einen Berg zu überwinden. Hinter ihm erwarten dich ein Neubeginn, neue Wege, neue Horizonte und Weiten, die du zuvor noch nicht sehen konntest. Du findest Wege, wie es noch besser gehen kann, und Möglichkeiten, wie dein Leben noch glücklicher und vollständiger verlaufen kann. Doch bevor du die Bergspitze erreichst, wirft dich ein Ereignis zurück. Es ist wie ein Test. Jetzt liegt es an dir – gibst du auf, oder willst du es wirklich wissen? Das Leben fragt dich noch einmal: Willst du diese Sache wirklich haben? Bist du bereit dafür? Ist es wirklich dein Wunsch? Jetzt braucht es deine Entscheidung. Willst du, oder willst du nicht? Du musst noch einmal Anlauf nehmen, noch mehr Schwung holen, damit du oben auf dem Berg ankommen kannst.

Wenn dir also etwas Unliebsames geschieht, dann halte kurz inne, und sage dir: »Mal sehen, wofür es wieder gut ist.« Und dann versuche es erneut. Wisse, es ist gut, auch wenn du zu diesem Zeitpunkt noch nicht sehen kannst, wofür. Nimm noch einmal Anlauf. Vielleicht wirst du es schon beim nächsten Schwung schaffen, möglicherweise auch erst beim übernächsten. Die Antwort wird kommen. Die Zeit wird zeigen, was das Ereignis auslöst, wofür es genau so richtig, wichtig und gut ist.

Oft denken wir sofort, dass alles umsonst war. Wenn zum Beispiel eine Liebesbeziehung gescheitert ist, wenn die Arbeit nicht die richtige war, wenn wir einen Beruf gelernt haben und dann merken, dass wir eigentlich etwas ganz anderes wollen, wenn wir abgenommen haben und dann wieder zunehmen. Der Erfinder der Glühbirne, Thomas Edison, sagte einst:

»Ich habe nicht versagt, ich habe mit Erfolg 10 000 Wege entdeckt, die zu keinem Ergebnis führen.«

(Thomas Edison)

Es gab 10 000 Wege, die ihn nicht zum Ziel führten, aber letztlich fand er doch eine Möglichkeit, die Glühbirne zum Leuchten zu bringen. Auf seinem Weg hatte Thomas Edison jede Menge Ideen und erfand nebenbei viele andere spannende Geräte.

Du stehst nicht umsonst an diesem Punkt in deinem Leben. In Wirklichkeit war nichts umsonst. Du hast nicht umsonst alle Anstrengungen unternommen, um jetzt hier zu sein. Alle Ereignisse sind wie beim Schleifen eines Diamanten wichtig, damit du in deinem kristallklaren Glanz erstrahlen kannst. Jede Facette, jede kleine Kante und jedes kleine geschliffene Dreieck ist die Spur eines Hindernisses auf deinem Weg und lässt dich noch schöner und farbenprächtiger glitzern. Schon allein dieses Wissen wird dir Mut geben.
Wenn in deinem Leben ein scheinbar alles zerstörendes Ereignis eintritt, ist es gut, das zu wissen, denn dann geht es darum, deine Kräfte erneut zu sammeln. Wichtig ist, dass du wieder in deine volle Energie kommst. Du brauchst sie, um gestärkt weiterzugehen. Durch Umstände, die wir nicht wollen, finden wir oft die Kraft für Veränderungen, die wir von selbst und unter »normalen« Bedingungen nie herbeigeführt hätten.

Beispielgeschichte:

Bevor mein Buch »Erkenne die Zeichen« vom Schirner Verlag angenommen wurde, erlebte ich so einen schwarzen Moment. Eines Tages, es war ein schöner Vormittag und ich schrieb an meinem Buch, stöberte ich, einer Eingebung folgend, auf der Verlagsseite und entdeckte die Möglichkeit, mein Manuskript einzureichen. Aus meiner guten Laune heraus sendete ich ein Exposé an den Verlag. Mit meinem ersten Buch, einem Roman, hatte ich die Erfahrung gemacht, dass es dauern konnte, ehe ich eine Antwort erhalten würde. Ich erwartete gar nichts, und wenn, dann nicht so schnell. Als es sich zwei Wochen später ergab, dass ich zu einer vom Verlag veranstalteten Messe fahren konnte, hatte ich es schon so gut wie vergessen. Das nenne ich heute Loslassen, was uns vor allem dann schwerfällt, wenn uns etwas wirklich wichtig ist. Besagten Tages fuhr ich also nach Darmstadt. Spontan steckte ich ein ausgedrucktes Exposé in eine Mappe – für alle Fälle. Um mir selbst den Druck zu nehmen, sagte ich mir: »Alles kann, nichts muss.« Falls sich die Gelegenheit ergeben sollte, mein Buch persönlich vorzustellen, würde ich es tun. Und tatsächlich hatte ich die Möglichkeit, Heidi und Markus Schirner von meiner Buchidee zu erzählen. Welch eine Chance! Ich war sehr aufgeregt und sprudelte über. Eine meiner Aussagen: »Wenn du die Zeichen siehst, weißt du immer wo's langgeht.« Genau dieser war der entscheidende Satz, der mir in meiner Euphorie geschenkt wurde. Kurze Zeit später hatte ich eine E-Mail-Adresse und die Bitte, zwanzig solcher Sätze zu schreiben und einzureichen. Am nächsten Tag hatte ich schon mehr als zwanzig Sätze geschrieben, einfach so, weil es mir Spaß machte. Ich öffnete an diesem Tag den Briefkasten ohne Erwartungen. Mein Leben war sehr schön im Moment, so konnte es bleiben. Überraschenderweise fand ich einen Brief vom Verlag vor. »Oh, so schnell geht das mit dem Universum«, dachte ich noch. So euphorisch ich bis dahin war, umso enttäuschter war ich, als ich darin eine Absage fand. Da fiel ich in ein großes Loch. Sollte alles umsonst gewesen sein? Ich war regelrecht geschockt, bewegungs- und handlungsunfähig. Es dauerte den ganzen Tag, ehe ich mich erholte. Als ich wieder klar denken konnte, fiel es mir wie Schuppen von den Augen: Vielleicht hatten sich unser Gespräch und die Entscheidung überschnitten? Da keimte wieder etwas Hoffnung in mir auf. Ich stellte mich aufrecht und fest entschlossen in meinem Wohnzimmer auf, legte die Hand auf mein Herz und gab mir selbst klar und deutlich das Versprechen, nicht aufzugeben, dranzubleiben. »Jetzt erst recht!«, sagte ich mir. Mein Entschluss stand fest, ich wollte das Buch fertig schreiben, egal, was passieren würde. Mit dieser Entschlossenheit schrieb ich die vereinbarte E-Mail und hängte meine zwanzig Sätze an. »Wenn sich Menschen einmal für ein Thema interessieren, wollen sie auch noch ein drittes und viertes Buch lesen«, schrieb ich. Davon war ich überzeugt, denn bei mir selbst ist es so. Es dauerte noch einen weiteren Tag, ehe ich eine positive Antwort erhielt.

Seitdem ergaben sich viele schöne Momente, in denen ich mich richtig freuen konnte. So wie jetzt, da ich dir davon erzählen kann und dich ermutigen darf, nicht aufzugeben, vor allem nicht, wenn du etwas wirklich willst und daran glaubst. Mein schwärzester Moment in dieser Sache war also dafür gut, dass ich dir jetzt davon erzählen kann. Des Weiteren brachte es mich erst auf diese Buchidee, denn ich möchte meine Erfahrungen mit dir teilen, damit du weißt, was zu tun ist, solltest du dich einmal in einer solchen Situation wiederfinden. Wofür die Geschichte noch gut war: Ich bin stark geworden. Ich habe Vertrauen, dass alles, was geschehen soll, geschehen wird. Hier und Jetzt möchte ich dir Mut machen, in solchen schwarzen Momenten nicht aufzugeben. Bleibe dran, es lohnt sich!

DAS LEBEN LENKT UNS DAHIN,
WOHIN ES UNS HABEN WILL:
ZUR FREUDE UND ZUM GLÜCK.

ÜBUNG:

Stelle dir eine vergangene Situation vor, bei der du eine richtige Pleite erlebt hast. Nimm die erste, die dir in den Kopf kommt und nach der sich dann doch alles noch zum Guten gewendet hat.

Notiere für dich:
Was genau war damals dein Ziel?
Was ist passiert, das dich richtig umgehauen hat?

Beantworte dann die folgenden Fragen:

› Was genau hast du gefühlt und gedacht?
› Wie hast du letztlich aus deinem Tief herausgefunden?
› Hast du einen Entschluss gefasst? Wenn ja, welcher war es?
› Was hast du aus der Situation gelernt?
› Wofür war sie letztlich gut?

Der Tag danach –
Aufbau und neue Entscheidung

Am Tag nach deinem Rückschlag wirst du feststellen: Du lebst noch. Du bist etwas geschwächt, aber du hast schon wieder ein wenig Hoffnung in deinem Herzen. Sage dir, dass es bestimmt gut für irgendetwas war, und schaue auf das, was du bisher erreicht hast, was dich deinem Ziel nähergebracht hat. Beispielsweise hast du schon hundertfünfzig Seiten deines Romans geschrieben oder bereits zwanzig Bilder für dein bebildertes Kinderbuch gemalt. Du hast vielleicht schon gekündigt, weil du dir sicher warst, dass du die neue Stelle bekommst. Möglicherweise hast du schon mehrere Ausbildungen absolviert und wolltest dich mit deinem eigenen Business selbstständig machen, aber dann hast du den Kredit nicht bekommen. Vielleicht hast du schon alle Baupläne für dein neues Haus, und plötzlich trennt sich der Besitzer doch nicht von dem Grundstück. Das sind nur ein paar Beispiele.

Auf jeden Fall: Wenn du schon viele Schritte auf deinen Traum, dein Ziel, zugegangen bist, dann wird er bzw. es sich auch erfüllen. Vielleicht geschieht es anders, als du es erwartest. Das Universum lässt dich nicht so viele Schritte gehen, so weit kommen, um dich dann zum Umkehren zu bewegen. An dieser Stelle kannst du dich einmal für all das loben, was du schon erreicht hast, und dich darüber freuen. Erkenne auch deine Arbeit, deine Geduld und deine Beharrlichkeit an, mit der du so weit gekommen bist. Diese ganzen Vorbereitungen waren genial. Sie sind der Beweis dafür, dass du dein Ziel erreichen wirst, wenn du durchhältst und nicht aufgibst. Alles, was du als Mensch tun konntest, hast du getan. Alle Schritte, die du bis hierhin gehen konntest, bist du gegangen.

Jetzt kommt ein wichtiger Punkt: Das Loslassen. Das heißt nicht, aufzugeben und das Handtuch zu werfen. Es bedeutet vielmehr, es dem Leben, dem großen Ganzen, dem Universum oder den Engeln zu übergeben – je nachdem, woran du glaubst. Es ist jetzt das Einzige, was du tun kannst. Vertraue dich den himmlischen Kräften, dem Leben an. Der schwärzeste Moment kommt meist erst in einem fortgeschrittenen Stadium eines Vorhabens, eines Projektes. Das ist gut so und hat seinen Sinn, denn dann wird es dir schwer fallen, davon abzulassen. Das sollst du schließlich auch nicht. Etwas will durch dich in die Welt gelangen, was **nur durch dich** geschehen kann. Zu sehr macht es Spaß, gibt dir Energie, Kraft und Lebensfreude, die in deinem Gehirn deinen ganz persönlichen Glückscocktail gemixt haben. Diesen brauchst du mittlerweile wie die Luft zum Atmen, und das soll auch so sein. Du sollst dranbleiben. Dass du so weit gekommen bist, ist ein sicheres Zeichen dafür, dass du dein Ziel erreichen wirst. Du bist ein Teil des großen Ganzen. Deshalb ist jetzt das Leben an der Reihe, das große Ganze. Es lenkt alles und fügt alle Puzzleteilchen zusammen, die das wunderschöne Universum ausmachen. Du bist eine kleine Welle im weiten Ozean. Wunderschön, glitzernd, bezaubernd. Du machst den Ozean noch schöner, noch umfassender und reicher. Dein Projekt ist wichtig für das ganze Universum, also lasse es daran teilhaben.

Manchmal lenken wir zu viel Energie auf das Tun und vergessen dabei den Spaß am Sein. Du darfst glücklich sein, deshalb bist du hier. Überhaupt bist du hier hingekommen, um dich lebendig zu fühlen. Dann bist du auch glücklich. Wann fühlst du dich lebendig? In den Momenten, in denen du etwas fühlst, egal, was es ist. Wenn du getan hast, was du konntest, wirst du wieder daran erinnert, dass es nun darum geht, den Moment zu genießen und im Hier und Jetzt präsent zu sein. Das lässt dich die Zufälle und Zeichen in deinem Leben wahrnehmen. Sie sind immer da, aber wenn du zu sehr im Tun oder in Gedanken bist, erkennst du sie nicht. Es geht in diesem Augenblick darum, dich zurückzulehnen und deine Batterien aufzuladen. Du hast alles getan, was du für dein Projekt tun konntest, um es in die Materie zu bringen. Jetzt kannst du dich ausruhen. Ab diesem Zeitpunkt darfst du alles dem Universum überlassen, was dein Verstand nicht überschauen kann. Es kennt das gesamte Bild und sortiert alles neu, im Einklang mit allen anderen Aspekten. Du musst nicht alles allein machen. Nenne es göttliche Fügungen oder Zufälle, die dir helfen, weiterzukommen. Du bist mit allem verbunden und weißt nicht, welche Ereignisse, welche Menschen, welche Schritte noch nötig sind, damit sich dein Wunsch verwirklichen kann. Deshalb darfst du alles machen, was du machen kannst. Dann aber gilt es, loszulassen.

ÜBUNG:

Wenn du einmal in solch eine Situation geraten bist, sage dir nach dem ersten Schreck sofort: »Mal sehen, wofür es wieder gut ist.« Die folgenden Schritte helfen dir, dich zu fangen und wieder nach vorn zu blicken.

› Schreibe eine Liste der Schritte, die du schon gegangen bist. Was hast du schon getan, um deinem Ziel näherzukommen? Lobe dich selbst für deine Leistung, und klopfe dir anerkennend auf die Schulter. Schenke dir auch in Zukunft diese Anerkennung, denn das stärkt dich in deiner Kraft.
› Bedanke dich für die Situation, auch wenn du noch nicht weißt, wofür sie gut ist. Tue es am besten schriftlich. So wirkt deine Dankbarkeit bereits auf materieller Ebene.
› Entscheide dich noch einmal neu: Willst du weitermachen, oder gibst du auf? Lege deine Hand auf dein Herz, und sprich deine neue Entscheidung laut und kraftvoll aus.
› Übergib den weiteren Fortgang dem Universum, und bitte um Zeichen, die dir sagen, dass alles bereits auf dem Weg zu dir ist.*
› Sei guten Mutes, und vertraue darauf, dass sich alles, was du dir von Herzen wünschst, in deinem Leben zeigen wird.
› Sammle deine Kräfte, und tue dir etwas Gutes. Bereite dir zum Beispiel ein leckeres Essen zu, oder gehe in dein Lieblingsrestaurant. Nimm ein Bad, oder mache einen Spaziergang. Höre auf dein Bauchgefühl, und es wird dir sagen, was dir jetzt Kraft gibt.

---

* Was es für Zeichen gibt und wofür sie stehen, erfährst du in meinem Buch »Erkenne die Zeichen«, erschienen im Schirner Verlag 2018.

Alles ist ein Geschenk des Lebens –
Frieden schließen

Wenn du einmal näher hinschaust und dein Leben Revue passieren lässt, scheint alles einem sehr genialen Plan zu folgen. Deine Erlebnisse scheinen aufeinander abgestimmt zu sein. Genau im richtigen Moment bekamst du Hilfe, wenn du sie brauchtest, und du warst zur richtigen Zeit am richtigen Ort, um die Menschen zu treffen, die wichtig für dich waren und sind. All deine Mitmenschen passen genau zu dir. Die Stadt, in der du aufwuchst, hatte genau die richtige Schule. Du hast Eltern mit genau den Talenten, die du brauchtest, und wenn sie dir einmal nicht helfen konnten, dann gaben deine Großeltern, eine Tante, ein Onkel oder vielleicht eine Lieblingslehrerin dir die passenden Impulse. Genau für deine Interessen gab es einen Kurs in deiner Schule, deinem Ort oder deiner Stadt. Deine beste Freundin ging in dieselbe Klasse wie du, und vielleicht wart ihr sogar schon zusammen in der Kindertagesstätte. Genau in dem Moment, als du die perfekte Größe und das richtige Alter hattest, bekamst du ein Fahrrad und später vielleicht sogar ein Auto, und auch das Geld für den Führerschein war dann da. Du lerntest deinen Partner kennen – ihr wart einfach zur richtigen Zeit am richtigen Ort.

Alles, was du bis jetzt brauchtest, erhieltest du immer zur richtigen Zeit. Wenn du eine Auszeit brauchtest, hattest du entweder Urlaub oder dir fiel eine Möglichkeit ein, wie du dir mehr Zeit für dich nehmen konntest. Möglicherweise half dir sogar eine Krankheit, dich einmal auszuklinken und auszuruhen. Vielleicht kamst du durch die Auszeit wieder ganz bei dir an. Falls ein Mensch nicht mehr zu dir passte, gab es eine Situation, die eure Wege trennte.

Jede Situation, jedes Erlebnis, jede Begegnung war dafür gut, dass du zu der Person werden konntest, die du jetzt bist. Genauso wirst du gebraucht. Wenn du zum Beispiel Lehrer werden willst, dann ist es sehr förderlich, dass du auch einmal Schüler warst. So kannst du die Sichtweise deiner Schüler besser verstehen.

Das Leben bereitet dich perfekt auf dein großes Ziel vor. Du bist hierhin gekommen, um ein Spiel zu spielen, und all deine Mitmenschen sind die perfekten Mitspieler. Du wolltest bestimmte Gefühle spüren, und sie helfen dir dabei. Du wolltest bestimmte Sachen erleben, und das Leben schickt dir genau die richtigen Situationen. Wie in jedem Spiel gibt es auch im Leben verschiedene Level. Du erlebst vielleicht mehrmals dasselbe, bis du es schaffst, ins nächste Level zu springen. Dafür sind Rückschläge gut. Sie helfen dir, noch einmal Anlauf zu nehmen, um letztlich noch weiter zu springen, so weit, wie wir es uns manchmal nicht vorstellen können. Jedes Ereignis scheint nur dafür da zu sein, um dich noch besser, widerstandsfähiger, gesünder, größer und stärker zu machen. Alles bereitet dich perfekt auf dein Ziel vor, auf das, was du im Leben erleben willst. Jeder macht seine eigenen Erfahrungen und hat seine eigenen Ziele, die er erreichen wird. Und jeden machen andere Dinge glücklich und zufrieden. So hast auch du ganz eigene Interessen und Talente, die deine Erlebnisse und Erfahrungen bestimmen. Dir begegnen genau die Menschen, die dich unterstützen, deine großen Lebensziele zu erreichen. Manche Lebensumstände scheinen zunächst einmal widrig und ärgerlich zu sein. Später stellen sie sich aber als wahre Geschenke heraus. Alles bereitet dich auf dein Glück vor.

Beispielgeschichte:

Eines Tages sah ich im Schlafzimmer einen dunklen Fleck in der oberen rechten Ecke. Ich informierte meinen Vermieter und die Hausmeisterin. Kurz zuvor hatte ich mir gewünscht, dass meine Wohnung erneuert würde, ohne zu wissen, wie das gehen sollte. Ich wohnte schon seit etwa zehn Jahren dort, und an der Wohnung wurde noch nie viel gemacht. Ich stellte mir statt des Teppichs ein schönes Laminat vor, und auch die Wände wollte ich streichen lassen. Natürlich sollte es mir während der Renovierung gut gehen, und sie sollte recht günstig sein. Nun wurde die Stelle begutachtet und genau geprüft. Es stellte sich heraus, dass Feuchtigkeit von außen in die Wand gezogen war. Ein guter Freund erklärte sich bereit, alles zu renovieren. Es verging noch einige Zeit, ehe klar war, ob die Versicherung für den Schaden aufkommen würde. Doch es sollte alles anders kommen. Im Normalfall hätte nur das Schlafzimmer gestrichen und der Boden neu gemacht werden sollen. Die Kosten beliefen sich auf 900 Euro. Während die Verhandlungen noch liefen, rief meine Hausmeisterin mich an – ich war außer Haus. Sie sagte, dass sie in meine Wohnung gehen müsse, um das Wasser abzudrehen. Es lief aus der Hauswand in den Hof. »Ach interessant«, dachte ich. »Dieses Mal handelt es sich um das Badezimmer.« Jetzt informierte ich wieder den Vermieter. Wieder kam ein Gutachter und stellte einen Wasserrohrbruch fest. Eine alte Leitung hatte ein Loch, eine Angelegenheit für die Gebäudeversicherung. Die Behördenwege dauerten längere Zeit, und währenddessen lief das Wasser, es lief und lief, in den Fußboden und die Fußbodenheizung hinein, und letztlich ergriff die Feuchtigkeit sogar noch die halbe Wohnzimmerwand. Mir ging es dennoch gut, denn ich hielt mich die meiste Zeit an meinem Schreibtisch im Wohnzimmer auf. Genau zu der Zeit, als vier Bautrockner in meiner Wohnung aufgestellt wurden, fuhr meine Freundin in den Urlaub. So konnte ich während der drei Wochen, in denen die Wohnung getrocknet wurde, bei ihr wohnen. Danach wurde meine Wohnung komplett renoviert, und die Versicherung übernahm fast alle Kosten. Ich bekam zu dem neuen Anstrich auch einen Laminatboden und sogar ein neues Badezimmer. Mich kostete die ganze Aktion nur 350 Euro, und für die beschädigten Möbel bekam ich noch Geld, von dem ich mir neue kaufen konnte. Kurzum: Ich habe jetzt eine komplett neue Wohnung. Der Wasserrohrbruch war zuerst lästig und unangenehm, doch letztlich erwies er sich als Segen und Geschenk.

Übung:

Stelle dir eine Situation in deinem Leben vor, die dir nicht gefiel und mit der du überhaupt nicht einverstanden warst. Vielleicht hast du einen großen Widerstand gegen sie entwickelt, und sie bedrückt dich immer noch. Mache dir bewusst, was sich dadurch in deinem Leben positiv verändert hat. Wofür war sie gut? Freue dich über die Erkenntnis.

Alles ist auch für die anderen gut

Tagtäglich bist du mit Menschen zusammen. Dabei erlebst du viele schöne, erfreuliche Momente, doch es gibt auch Augenblicke, in denen dich das Verhalten eines Mitmenschen traurig oder sogar wütend macht. Das ist oft so im Zusammenspiel von mehreren Menschen. Jeder bringt seine eigene Geschichte mit, und die vielen Geschichten treffen aufeinander. Jeder sieht die Welt durch seine Augen und hat seine individuelle Sicht auf die Dinge. Genau so soll es ja auch sein. Da wir immer im Wachstumsprozess sind, finden auch täglich Veränderungen und Verbesserungen statt. Wir werden eingeladen, noch positiver zu denken oder Dinge loszulassen, die uns nicht guttun, die uns auf unserem Weg blockieren. Unsere Mitmenschen helfen uns, uns selbst zu erkennen, denn sie sind oft wie Spiegel. Sie zeigen uns, was gerade in uns selbst stattfindet, auch das, was wir ablehnen und uns nicht eingestehen wollen.

Vielleicht ärgerst du dich aber auch über dich selbst, weil dich die Situation zum Beispiel wieder einmal aus der Fassung gebracht hat. Du willst doch am liebsten immer nett, freundlich und gelassen sein. Aber das gelingt dir nicht immer. Selbst wenn du gut gelaunt bist, in Hochstimmung, kommt ein Störenfried und lässt dich aus der Haut fahren. Möglichweise sagst du dann Dinge, die du hinterher bereust. Reue schwächt dich und bringt dich aus dem Gleichgewicht, auch wenn du im Recht warst.

Wie würdest du dich aber fühlen, wenn du weißt, dass du in diesem Moment genau die richtigen Worte gesagt hast, weil sie den anderen in seinem Leben weiterbringen? Wie würdest du dich fühlen, wenn du wüsstest, dass es absolut in Ordnung war und du richtig gehandelt hast? Was hältst du von dem Gedanken, dass dein Verhalten, deine

Worte wichtig für den anderen waren? Wäre das nicht wundervoll? Wenn die Worte in der Situation regelrecht aus dir heraussprudeln und du selbst überrascht darüber bist, wie du so reagieren konntest, dann war es dir vorherbestimmt, diese Worte zu sagen, um dem anderen zu helfen. Du kannst es mit einer Gefahrensituation im Straßenverkehr vergleichen: Dein Unterbewusstsein weiß immer genau, was zu tun ist, und lässt dich genau richtig reagieren, zum Beispiel bremsen oder ausweichen. Genauso ist es auch mit deinen Worten. Dein Unterbewusstsein hat sie dir eingegeben. Wenn du annimmst, dass du dich richtig verhalten hast, strahlst du das auch aus und signalisierst dem anderen, dass du damit in Frieden bist. Er wird dadurch auf sein eigenes Verhalten aufmerksam und überlegt, ob es

doch an ihm liegen könnte. Wenn du hingegen denkst, dass du etwas falsch gemacht hast, und dich entschuldigst, nimmst du die Sache auf deine Schultern. Am wirksamsten sind solche Auseinandersetzungen mit Personen, die dir besonders nahestehen. Der andere kann es von dir besser annehmen als von einer Person, die ihm nicht so viel bedeutet. Für euer beider Wohlgefühl ist es immer wichtig, dass ihr die Situation klärt. Mit dem Wissen, dass deine Worte für den anderen das Allerbeste waren, was du in diesem Moment für ihn tun konntest, bleibst du entspannt und im Frieden mit dir und allen Beteiligten. Du kannst dich schnell wieder auf deinen eigenen Weg konzentrieren und in deine Hochstimmung und gute Laune zurückfinden. Denn alles ist immer richtig und absolut in bester Ordnung. Sonst würde es nicht geschehen.

Oft siehst du dich selbst nur in Extremsituationen klar. Durch den Schock wird eine Art kurzzeitiger Stillstand des Gehirns ausgelöst, und du bist klar und offen im Hier und Jetzt. Die Situation ist wie eingefroren, die Zeit, alles steht still. Es ist wie bei einer Gangschaltung: Wenn du deine Geschwindigkeit verändern willst, musst du zuerst schalten. Zwischen den einzelnen Gängen ist das Auto im Leerlauf. In meinem Beispiel entspricht der Leerlauf dem Schock. Wenn deine Gedanken dann wieder einsetzen, tut es dir leid, und vielleicht fängst du an, dich zu entschuldigen. Durch diese Entschuldigungen fühlst du dich selbst klein, dabei hast du dem anderen mit deinen Worten geholfen, etwas Wichtiges zu erkennen.

Du brauchst dir nur Gedanken über **deine** emotionale und körperliche Reaktion zu machen. Wenn du dich schnell wieder entspannst und weißt, dass alles richtig war, dann ist es gut. Du weißt instinktiv, dass es notwendig war, um den anderen wachzurütteln. Für den anderen war es genau richtig.

Beispielgeschichte:

Eines Tages, ich kam gut gelaunt zur Arbeit, fühlte ich direkt eine explosive Stimmung unter meinen Kolleginnen. Schon in meiner Kindheit wollte ich andere aufmuntern, wenn sie traurig waren. Das ist auch heute noch so, und dieses Mal suchte ich mir »zum Retten« eine Kollegin aus, die meist auch gut gelaunt ist doch heute traurig aussah. Also erzählte ich eine meiner Geschichten, um sie aufzuheitern. Da unterbrach mich ihre Freundin und stellte sich einfach zwischen uns. Normalerweise denke ich mir dann »Okay, dann soll ich vielleicht nichts sagen« und gehe aus der Situation. Vor allem bei dieser impulsiven Kollegin, die ihrem Namen, übersetzt »Feuer«, alle Ehre macht. Aber an diesem Tag folgte ich einem spontanen Impuls. Ehe ich darüber nachdenken konnte, sagte ich: »Ich erinnere dich nächstes Mal, wenn du mal wieder was dagegen hast, dass jemand dazwischenredet.« Sie mag es selbst überhaupt nicht, wenn sie unterbrochen wird. Es ist meist so, dass uns gerade die Dinge, die wir selbst oft machen, bei anderen stören. Schnell suchte ich das Weite, und wie erwartet wurde sie wütend. Im ersten Moment fing auch mein Puls an zu rasen, doch ich beruhigte mich schnell wieder und begann zu lächeln, denn mir fiel ein, dass die Kollegin mich am Tag zuvor gefragt hatte, was ihre Ohrenschmerzen bedeuten sollten. Ich erkannte, dass es etwas mit dem Hören zu tun haben musste. Wie immer findet das Leben Antworten auf gestellte Fragen. Manchmal wollen wir diese aber nicht wahrhaben. In diesem Moment fiel es mir wie Schuppen von den Augen: Ja, diese Situation hatte ihre Frage beantwortet. Ihr fiel es schwer, zuzuhören, und vielleicht wollte sie sich das, was ich ihr gesagt hatte, nicht eingestehen. Ihre Aufgabe war es nun, ihre Ohrenschmerzen zu heilen, und ich hatte ihr mit meinen Worten geholfen, das Problem zu erkennen. Als sie sich später beruhigte, lächelte ich ihr zu und fragte, ob sie immer noch wissen wollte, was die Ohrenschmerzen bedeuteten. Dann erklärte ich es ihr, und wir waren wieder ein Herz und eine Seele.

ÜBUNG:

Erinnere dich einmal an eine Situation, in der du etwas getan oder gesagt hast, was du hinterher bereutest und was dich möglicherweise immer noch verfolgt. Vielleicht wirft dir eine andere Person es sogar noch vor. Überlege, ob du deine Reaktion geplant hattest oder ob sie spontan geschah. Mache dir bewusst, dass du genau so reagieren solltest. Wäre es nicht so, hättest du dich anders verhalten. Was denkst du, hat sich für den anderen nach diesem Moment verändert? Hat er sich vielleicht sogar selbst verändert? Was hat sich für dich verändert? Hast du dich verändert?

Begegnungen haben ihren Sinn

Jede Begegnung, die dich berührt und etwas in dir auslöst, ist für etwas gut. In jedem Fall sagt sie etwas über dich oder dein Leben aus. Wenn dir jemand, den du nicht magst, überraschend über den Weg läuft, denke nicht: »Oh nein, nicht der und nicht jetzt!«, sondern denke an die »Zauberformel«: Mal sehen, wofür es wieder gut ist. Durch sie ändert sich deine Wahrnehmung und auch deine Reaktion. Irgendetwas hat das Leben mit euch vor. Etwas will sich dir durch diese Begegnung zeigen. An wen erinnert dich derjenige? Was ruft die Begegnung dir ins Gedächtnis? Was genau löst sie aus?

Nicht nur unliebsame Begegnungen wollen uns etwas sagen, nein, auch schöne, freudige sind für etwas gut. Diese erinnern dich an deine eigene Lebensfreude. Begegnungen mit anderen Menschen spiegeln dir immer deine eigene Laune und Schwingung. Durch das Gefühl, das sie auslösen, weißt du, ob du dich auf dem Glückspfad oder auf einem eher destruktiven Weg befindest. Hast du negative Gedanken, wirst du schlecht gelaunten Menschen begegnen. Bist du aber gut gelaunt, wirst du glückliche Menschen treffen.

Was auch immer es in dir auslöst, jedes Zusammentreffen ist für etwas gut. Meist geht es darum, in Frieden zu kommen. Entweder mit dir selbst und deinem Leben oder mit deinen Mitmenschen. Das können auch Menschen aus deiner Vergangenheit sein. Du erkennst es daran, wenn dich die Person, der du begegnest, an jemanden erinnert.

Wenn du in Frieden bist, dann kannst du loslassen und weitergehen. Unfrieden hält dich hingegen klein, lässt dich nicht wachsen und weitergehen. Nur dafür geschehen Begegnungen: um sich des eigenen inneren Films bewusst zu werden. Was geschieht in deinem Film? Ist es noch das, was du erleben willst? Falls nicht, ist es wichtig, dass du in Frieden mit dem kommst, was du nicht magst. Dann kannst du es loslassen, damit du neue Geschichten mit neuen Menschen erzählen kannst, damit du ein neues Leben führen kannst.

Mit deinem Umdenken erlaubst du es auch den anderen, sich zu verändern. Du entlässt sie aus der Rolle, die sie für dich aus Liebe spielen und die du brauchst, um dir bewusst zu werden, was du willst. Es kann passieren, dass derjenige Mensch aus deinem Leben verschwindet oder dass er sich auf einmal ganz anders zeigt. Vielleicht öffnen sich aber auch neue Türen, du bekommst eine Inspiration oder inspirierst andere.

ANDEREN ZU HELFEN, MACHT AUCH DICH IMMER GLÜCKLICH.

Vielleicht ermöglicht dir eine Begegnung, dein Leben und dich selbst mehr zu feiern. Jemand sieht dich so, wie du bist, und lobt dich für etwas, für das du dich selbst einmal loben könntest, aber wo du deine eigene Großartigkeit nicht siehst. Oder ein Mensch erinnert dich daran, dass das Leben da ist, um zu spielen und glücklich zu sein, wenn du es gerade selbst vergessen hast.

Begegnungen sind letztlich immer dazu da, dich an die Sonnenseite des Lebens zu erinnern, damit du dein Leben genießt, die Schönheit siehst, dich am Miteinander freust und einfach da bist und Spaß hast. Das machen sie auf zwei Wegen. Erstens: Sie zeigen dir das Gegenteil auf. Zweitens: Sie zeigen dir direkt die freudige Seite, weil vielleicht Menschen lachen, sich freuen, tanzen, springen oder singen. Die Begegnung mit einem Kind erinnert dich meist an die Leichtigkeit des Seins. Es will mit dir spielen, auch wenn du gerade keinen Kopf dafür hast, es dich nervt oder du meinst, dafür gerade keine Zeit zu haben.

Das Leben darf leicht sein und Spaß machen. Ja, Spaß und Leichtigkeit sind sozusagen die »Turboturbinen« für dein glückliches Leben. Sie machen alles möglich, und mit ihnen kannst du deine Ziele spielerisch erreichen und deine Wünsche leicht erfüllen. Glückliche Begegnungen geben dir Energie, und du tankst blitzschnell auf. Sie sind wie eine erfrischende Dusche im Sommer, von der man an heißen Tagen nicht genug haben kann.

Wenn du einen Anruf in einem scheinbar unpassenden Moment bekommst, frage dich: Wobei unterbricht mich dieser Anruf? Und worum geht es? Vielleicht passt der Anruf zu dem Thema, das dich gerade beschäftigt. Möglicherweise hattest du dir zuvor eine Frage gestellt, deren Antwort du durch diese »Begegnung« bekommst. Vielleicht erkennst du in ihm aber auch ein Zeichen dafür, dass du über

dieses Thema nicht reden solltest oder wenn, dann anders. Oder du bist im Begriff, über einen wichtigen Wunsch, ein wichtiges Projekt zu sprechen. Dann will dir das Leben mit diesem Anruf sagen: Warte noch, bis die Erfüllung sicher ist, bis alles auf den Weg gebracht ist, ehe du darüber redest. Solltest du trotzdem darüber sprechen, ist auch das gut, denn du erkennst an der Reaktion deines Gegenübers deine eigene Einstellung. Wenn er dir zum Beispiel sagt: »Das schaffst du nie«, »Das solltest du lieber anderen überlassen« oder »Das ist nicht möglich«, dann mache dir bewusst, dass dein Gegenüber dir aus Liebe deine eigenen Zweifel mitteilt. In diesem Fall ist der Anruf dafür gut, diese Zweifel anzunehmen und zu akzeptieren. Du möchtest diese Sache so sehr, aber etwas in dir glaubt nicht an die Erfüllung deines Wunsches. Vielleicht hast du schlechte Erfahrungen gemacht und glaubst selbst nicht daran, dass du es kannst.

WENN DU DIR ETWAS WIRKLICH WÜNSCHST,
DANN HAST DU AUCH DAS POTENZIAL, ES ZU VERWIRKLICHEN.

Suche Gründe, die dafür sprechen, dass sich dein Wunsch erfüllt.

Übung:

Nimm ein Blatt Papier, und schreibe deinen Wunsch auf. Erinnere dich dann an eine Situation, in der du diesen Wunsch mit einer Person deines Vertrauens besprochen hast, die dagegen Zweifel hegte.

› Frage dich, ob du selbst an die Erfüllung glaubtest.
› Werde dir deiner destruktiven Gedanken bewusst.
› Danke dir selbst und deiner Freundin, deinem Freund oder deinem Verwandten für die Klarheit, die dir das Gespräch gebracht hat.
› Schreibe Gründe auf, warum der Wunsch sich doch erfüllen wird.
› Stelle dir vor, wie du der Person von der Erfüllung erzählst und berichtest, wie du es doch geschafft hast. Wenn du magst, kannst du ein Sprachmemo aufnehmen oder einen Brief schreiben. Bleibe dabei positiv.

Jede Begegnung ist für mindestens einen der folgenden drei Punkte wichtig:

1. Sie dient dir als Spiegel und zeigt dir Seiten an dir, die du magst, aber auch Seiten, die du ablehnst.

2. Du kannst etwas aus ihr lernen. Diese Begegnung erkennst du daran, dass du etwas Neues erlebst oder neue Informationen erhältst, die deinen Horizont erweitern. Wahrscheinlich bist du begeistert, denn dir werden neue Wege gezeigt, an die du noch nicht gedacht hast.

3. Sie bringt dich auf deinem Weg voran und ermutigt dich, wichtige Veränderungen durchzusetzen, die du allein nie vollziehen wür-

dest. Hier triffst du Menschen, die dich weiterbringen. Dies kann auf verschiedenste Weise geschehen. Eine negative Erfahrung könnte dich beispielsweise an einen Punkt bringen, an dem du einfach nicht anders kannst, als weiterzugehen. Vielleicht verhält sich der andere so unmöglich, dass du ihn verlassen musst, um wieder glücklich zu werden. In der positiven Entsprechung kann es sich um eine Begegnung handeln, bei der dir eine neue Stelle angeboten wird.

Begegnungen zeigen dir einerseits, worauf du deine Aufmerksamkeit richtest und was du dadurch erschaffst. Andererseits zeigen sie dir, wohin du eigentlich willst, wenn du es vielleicht gerade aus den Augen verloren hast. Eine Begegnung kann dir die Antwort auf eine Frage geben. Alle Begegnungen haben mit dir zu tun.

Beispiel:

Vielleicht kennst du das: Gerade in dem Moment, in dem du nach Hause kommst, kommt der Nachbar auf dich zu. Du wolltest eigentlich deine Ruhe haben und bist etwas genervt. Aber diese Begegnung sollte so sein und ist für etwas gut. Vielleicht lenkt dich der Nachbar von deinen kreisenden Gedanken um eine ärgerliche Situation ab. Er berichtet dir von seinem Urlaub und erinnert dich so daran, deine Gedanken wieder auf die schönen Dinge zu lenken. Das hilft dir, wieder in den Fluss des Lebens zu kommen und weiterzugehen. Vielleicht erzählt er dir aber auch von seinem Kummer um seine Tochter. Das könnte dich an jemanden aus deiner Familie erinnern, mit dem es etwas zu klären gibt. Möglicherweise bist du sowieso zu einem Telefonat mit demjenigen verabredet, wolltest es aber verschieben, weil dein Tag sehr herausfordernd war. Durch die Begegnung mit dem Nachbarn rufst du nun doch heute noch an, und hinterher wirst du froh sein, weil ihr alles bereinigt habt und euch gegenseitig Kraft geben konntet. Dir wird bewusst, dass du nicht allein bist, dass es Menschen gibt, die dich lieben, oder du stellst fest, dass es noch andere wichtige Dinge neben der Arbeit gibt.

Beispiel:

Oder du triffst an der Supermarktkasse eine Freundin, mit der du dich gestritten hast. Im Leben hättest du sie nicht mehr angerufen. Bei der Enttäuschung, die du erlebt hast, hattest du ihr die Freundschaft für alle Zeit gekündigt. Auch das soll so sein. Doch vielleicht merkt ihr jetzt, dass ihr euch vermisst habt, liegt einander schließlich in den Armen und seid froh, Frieden geschlossen zu haben. Dir wird durch die Begegnung bewusst, dass sie in deinem Leben weiterhin einen wichtigen Platz einnehmen soll. Diese Tür soll offen bleiben. Die Liebe und das Leben bestimmen manche Fügungen, auch wenn du anderer Meinung bist. Der Teil, der ihr die Tür vor der Nase zuschlug, hatte nur Angst vor der eigenen Bewusstwerdung, vor der Wahrheit, vor der Liebe.

Beispiel:

Vielleicht triffst du auch deinen früheren Partner. Im ersten Moment bist du erschrocken und denkst dir: »Oh nein! Warum ist er genau zur selben Zeit wie ich hier?« Diese Begegnung bedeutet, dass noch sehr viel gebundene Energie in eurer Beziehung steckt. Das ist ganz normal, denn in tiefe Beziehungen stecken wir viel Energie, die sich erst nach und nach löst. In den seltensten Fällen gelingt es uns direkt, völlig loszulassen. Eine Liebesbeziehung ist sehr komplex. Vielleicht hilft dir eure Begegnung, ihn jetzt loszulassen, weil du nun vielleicht zum ersten Mal seine Art bemerkst, wie er das andere Geschlecht umflirtet, obwohl er mit seiner Partnerin da ist. Damals sahst du das nicht, du warst verliebt und wolltest es nicht wahrhaben. Möglicherweise erkennst du auch eine andere Wesensart, mit der du auf Dauer nicht hättest leben können. Durch diese Situation kannst du ihn einmal mehr loslassen. Die Begegnung kann euch aber auch wieder zusammenbringen, wenn ihr noch ein Stück gemeinsam gehen sollt.

Das Leben und das Universum sind ein Mysterium, das wir als Menschen wohl nie komplett durchschauen können. Wie alles sein soll und kommen wird, wissen nur dein Höheres Ich, deine Seele, und das Universum selbst. An dieser Stelle kannst du einfach staunen. Oft siehst du erst zu einem späteren Zeitpunkt, wie genial alles eingefädelt und wie magisch perfekt alles arrangiert war.

Übung:

Erinnere dich einmal an eine ungewöhnliche, unerwartete Begegnung, die du in letzter Zeit hattest.

Notiere für dich:
Was genau ist geschehen?
Wer ist dir begegnet?
Wohin warst du unterwegs?
Hat die Begegnung dich von deinem Vorhaben abgebracht?

Beantworte dann die folgenden Fragen:
Was hat derjenige in dir ausgelöst?
Wie hat sich dein Tag durch diese Begegnung verändert?
Wofür war diese Begegnung gut?

Vielleicht triffst du auch einen fremden Menschen, der dich anspricht, anlacht oder dich anrempelt? Auch diese Begegnungen sind für etwas gut. Sie bringen dich in jedem Fall auf deinem Weg voran.

Beispiel:

Nehmen wir einmal an, ein Mann bittet dich auf der Straße um einen Euro. Nehmen wir weiter an, dass dich diese Situation nervt und dir automatisch Gedanken in den Kopf schießen wie: »Wenn ich jedem etwas gebe, dann habe ich selbst nichts mehr.« Der Mann macht dich auf eine Überzeugung aufmerksam, die in solchen Situationen unbewusst in deinem Inneren anspringt. Er macht dir einen Glaubenssatz bewusst, den du jetzt hinterfragen kannst: »Wenn ich jedem etwas gebe, habe ich selbst nichts mehr.« Stimmt das wirklich? Beobachte, ob du selbst nichts mehr hast, wenn du jedem etwas gibst. Vielleicht könntest du den Satz umschreiben in: »Alles, was ich gebe, kommt dreifach zu mir zurück.« Du könntest auch versuchen, dich in ihn hineinzuversetzen. Warum ist er auf der Straße und fragt nach Geld? Möglicherweise kann er nicht arbeiten gehen? Überlege, wie es dir gehen würde, wenn du ihm mit dem Euro eine Freude machen würdest. Vielleicht würdest du dich reich fühlen? Das ist auf jeden Fall so, wenn du das Geld mit einem guten Gefühl gibst. Ab jetzt kannst du dir sagen: »Ich habe immer genug Geld. Für mich ist gesorgt.« Wenn du genau hinsiehst, wirst du erkennen, dass es immer so war und immer so sein wird. Im Hier und jetzt ist immer alles da, was du brauchst. Dafür war diese Begegnung gut.

Beispielgeschichte:

Auf der Haupteinkaufsmeile in meiner Stadt sitzt immer ein Mann mit zwei Hunden. Jeden Tag grüßt er mich und alle freundlich, die ihn anschauen. Er ist ein Original, das schon fast zu dieser Straße gehört. Sogar die städtische Zeitung berichtete schon über ihn. Jeden Tag erinnert er die Menschen an die Fülle, an die Dankbarkeit für den eigenen Reichtum und an das Mitgefühl für unsere Mitmenschen. Das ist die Aufgabe, die er erfüllt, die für ihn bestimmt ist. Zuerst gab ich ihm immer Kleingeld. Eines Tages klebte ich an zehn Fünfeuroscheine je einen Zettel mit den Worten »Du wirst geliebt!« Ich gab auch ihm einen davon und freute mich sehr, als seine Augen leuchteten. Ich war mir sicher: Wenn ich reich denken konnte, dann würde ich auch materiellen Reichtum erlangen. Doch reich zu denken und zu fühlen und viel Geld zu haben sind zwei verschiedene Schuhe. Von da an grüßte ich ihn nur und dachte mir jedes Mal »Wenn ich reich bin, dann bekommst du einen grünen Schein.« und ich freute mich. Es ging lange Zeit so, doch der grüne Schein, den ich übrighaben wollte, blieb aus. Heute erkenne ich, dass das nicht weiter verwunderlich war. Natürlich war ich nicht »jetzt« reich, sondern erst »eines Tages«. Das konnte ja ewig so weitergehen … Jeden Tag sah ich in dem Mann, meinem Spiegel, nur die Möglichkeit, aber nicht das Reichsein. Dann, eines Tages, lief ein Mann vor einem Supermarkt laut schimpfend an mir vorbei: »Was soll ich denn mit zwanzig Euro? Was soll ich mit so viel Geld? Ich lebe auf der Straße!« Diese Begegnung half mir, etwas Wichtiges zu erkennen: Was sollte der Mann mit meinem Hunderteuroschein? Seitdem gebe ich ihm immer etwas Kleingeld und fühle mich gut dabei. Jeden Tag geht es mir selbst besser, bin ich glücklicher und fühle mich reicher. Das teile ich gern.

Vielleicht erschaffen wir durch unser Geben solche Situationen immer wieder neu, und sicherlich liegt die Lösung jenseits davon. Doch ohne Schatten kein Licht, oder doch? Auf jeden Fall sehen wir manches nur in Gegenwart des Gegenteils.

Deine Kindheit ist richtungweisend

Im allerbesten Fall bist du in Frieden mit deiner Kindheit und erinnerst dich gern daran zurück. Deine ersten bewussten Erinnerungen sind meist auch positiv, denn bis zu deinem vierten Lebensjahr hast du noch ganz im Hier und Jetzt gelebt. Du hast noch nicht zwischen Gut und Böse unterschieden und nahmst alles liebevoll und bedingungslos an. Wenn ein Mensch nicht zu dir passte, bist du ihm ganz selbstverständlich aus dem Weg gegangen. Dabei hast du dir nichts gedacht, du bist einfach deinem Gefühl gefolgt.

In den folgenden Jahren wurde deine innere Wahrnehmung immer mehr verdrängt. Du hast gelernt, auch auf die äußeren Einflüsse einzugehen. Um in der Welt zurechtzukommen, hast du dich vermutlich angepasst. Du hast gelernt, dass du nun nicht mehr alles haben konntest, und vielleicht hast du auch dein Vertrauen darauf verloren, immer beschützt und sicher vor schlimmen Geschehnissen zu sein. Du hast auch viele neue Dinge gelernt – möglicherweise so viele, dass du vergessen hast, wer du warst und was dir früher Spaß machte. Plötzlich gab es zwei Pole in deinem Leben, durch die jede Menge Herausforderungen und Hindernisse entstanden. Deine Eltern halfen dir dabei, zwischen Gut und Böse, Hell und Dunkel, Ja und Nein zu unterscheiden, damit du dich selbst beschützen konntest. Du hast gelernt, dich für eine der beiden Seiten zu entscheiden, doch dadurch hast du die andere Seite automatisch ausgeschlossen.

Wenn du ausprobieren wolltest, wie das Gras schmeckte, wiesen sie dich liebevoll auf dessen Ungenießbarkeit hin. Wenn du Tiere streicheln wolltest, die beißen konnten, warnten sie dich. Wenn du gerade in deiner Fantasiewelt warst oder ein schönes Spiel spieltest, hielten sie es vielleicht für den perfekten Zeitpunkt, um dir beizubringen, wie man abwäscht – schließlich brauchst du diese Fertigkeit für dein Leben. Oder du wurdest genau in dem Moment, in dem die Sandburg endlich stehen blieb, aufgefordert, zum Essen reinzukommen. Morgens solltest du aufstehen, obwohl du noch müde warst, und abends solltest du ins Bett gehen, obwohl du noch herumtollen wolltest.

Dann kamst du in die Schule und lerntest viele Dinge, aber vielleicht fandest du sie nicht alle interessant. Möglicherweise kamen die Dinge, die spannend waren, zu selten im Unterricht vor. Vielleicht entstanden an dieser Stelle die ersten Meinungsverschiedenheiten mit deinen Eltern. Jetzt hegtest du zum ersten Mal Gedanken, die gegen deine Eltern oder deine Lehrer gerichtet waren. Doch auch das sollte so sein und war für vieles gut.

In deiner Kindheit hast du Schritt für Schritt unsere regelorientierte Welt kennengelernt. Deine Eltern meinten es immer gut. Sie lernten dasselbe von ihren Eltern, und so funktioniert diese von uns erschaffene Welt. Damit du dich heute darin zurechtfindest, war es für dich wichtig, all das zu lernen. Es ist wie bei einem Spiel: Nur wenn du die Regeln kennst, kannst du mitspielen. Deine Eltern begleiteten dich so gut sie konnten und versuchten, dich vor allen Gefahren zu beschützen. Sie bereiteten dich perfekt auf diese Welt vor. Sie gaben dir ihre eigenen Werte mit, in der Hoffnung, dass du glücklich wirst.

Vielleicht waren deine Eltern gegen deine Träume, weil sie dachten, dass diese nicht gut für dich wären. Lebten sie ihre Träume möglicherweise selbst nicht? Deine Eltern sind unbewusst gute Trainer für dein angestrebtes Ziel. Sie haben oft schon die Talente, Eigenschaften und Fähigkeiten, die zu deinem Traum passen, oder sie sind besonders streng, genau wie ein guter Coach. Vielleicht hatten sie sogar ähnliche Träume und Wünsche und redeten oft davon. Du darfst jetzt Frieden mit deiner Kindheit schließen, mit allen Erlebnissen und Gefühlen, die dich begleitet haben. Und vielleicht kannst du ihnen dann sogar helfen, ihre Träume zu verwirklichen.

Wenn du vergessen hast, wer du bist und was dir wirklich Spaß macht, war auch das für etwas gut. Jetzt, da du dieses Buch liest, kannst du dich neu entdecken, und du bist damit nicht allein auf der Welt. Die meisten Menschen verlieren ihre Träume aus den Augen. Unbewusst bereitest du dich durch deinen Weg und deine Erfahrungen darauf vor, sie eines Tages zu leben. Erkenne, dass du deine Freude, dein Glück und sogar deine Träume vergessen hast, damit du dich jetzt erinnern kannst. Du wirst dich darüber freuen, deine Träume wiederzuentdecken und sie zu leben. Stelle dir einmal vor, dass es dir nicht so gut geht. Am nächsten Tag wachst du auf, und fühlst dich blendend. Darüber freust du dich dann umso mehr. Genauso ist es oft auch mit deiner Gesundheit. Du nimmst sie vielleicht als selbstverständlich an und denkst normalerweise nicht darüber nach, weißt sie nicht zu schätzen. Erst wenn du krank bist, merkst du, was für ein großartiges Geschenk sie ist, und du wirst es umso mehr genießen, wieder gesund zu sein. Ebenso wirst du deine Träume noch mehr schätzen, wenn du sie wieder entdeckst, und mit ihnen wirst du auch deine Lebensfreude wiederfinden. Was für ein Abenteuer es doch ist, das Spiel des Lebens!

Während du dein Leben mit all seinen Höhen und Tiefen lebst, fühlst du die ganze Zeit, dass es da noch mehr für dich gibt. Du spürst, dass du ohne deine Träume nicht glücklich bist. Manchmal gibst du möglicherweise deinen Eltern die Schuld daran. Doch sie machten alles richtig und so gut, wie sie es konnten. Du bist nun perfekt auf dein Leben vorbereitet und kannst die Verantwortung für dein Leben jetzt selbst übernehmen.

Aber wie und vor allem womit wirst du glücklich? Wenn du dich das fragst, hast du deine »Glücklichmacher« vermutlich vergessen. Als du auf diese Erde kamst, wusstest du ganz genau, was dich glücklich macht. Dieses Wissen, die Erinnerung, ist dir als Gefühl geblieben. Und dieses Gefühl wird dich so lang rufen, bis du dein Glück wiederfindest. Bis dahin wirst du nicht aufgeben, wirst du keine Ruhe finden. Dir wird kein Weg zu weit sein und keine Anstrengung zu groß. Das Leben ist dein Freund, auch wenn es vielleicht bis jetzt nicht so aussah. Es beschützt und behütet dich. Es bringt dich immer zur richtigen Zeit an den richtigen Ort. Darüber brauchst du dir keine Gedanken zu machen. Das Leben hilft dir immer.

Du hast in deiner Kindheit unbewusst alles gelernt, was du brauchst, um deine Bestimmung leben zu können. Als Kompass hat dir das Leben deine Interessen und deine Begeisterung geschenkt. Sie weisen dir immer den richtigen Weg.

Vielleicht hast du deine Freude und deine Interessen nur in Zeiten ausgelebt, in denen du frei hattest – vor und nach der Schule und an den freien Tagen. Das führte dazu, dass du heute denkst: »Interessen sind nur etwas für die Freizeit.« Wenn du dich überhaupt nicht mehr an deine »Glücklichmacher« erinnerst, kannst du über die Dinge, die du gut kannst, wieder Kontakt zu ihnen finden. Ich meine damit alles, was dir leichtfällt. Oft sind das Tätigkeiten, die du sowieso jeden Tag vollbringst und für die du dich brennend interessierst. Vielleicht ist es nichts Besonderes für dich, gut in diesen Dingen zu sein – für dich ist es ganz normal. Deine Gaben erkennst du auch daran, dass dasselbe anderen Menschen schwerfällt.

WAS MACHT DICH BESONDERS?
WAS KANNST DU BESSER ALS DIE ANDEREN?

Was andere als besonders wahrnehmen, ist für dich normal. Vielleicht nimmst du deine Gabe sogar als Last wahr, weil dich andere immer wieder bitten, dir zu helfen, und du lehnst dich dagegen auf. Oder du hast einen inneren Widerstand gegen sie entwickelt: Anstatt dich zu freuen und deine Talente in die Welt zu bringen, sie möglicherweise sogar beruflich zu nutzen, lehnst du sie unbewusst ab. Das kann verschiedene Gründe haben. Vielleicht glaubst du, dass du nicht noch einen anderen Beruf erlernen darfst. Möglicherweise denkst du, dass diese Möglichkeit für dich nicht existiert. Oder du siehst keinen Weg, wie du damit Geld verdienen kannst. Doch das verschiebt die Erfüllung deiner Träume und Wünsche nur. »Aufgeschoben ist nicht aufgehoben«, so sagt man. Deine besondere Fähigkeit wird sich auf jeden Fall ihren Weg in dein Leben bahnen – so oder so.

Beispiel:

Meine Freundin hat das Talent, großartige Urlaube zu planen. Weil sie es so gut kann, verlassen sich immer alle auf sie. Sie liebt es, zu reisen und alles dafür zu planen. Im Urlaub empfindet sie ihre Gabe aber als Last, denn sie hat das Gefühl, dafür verantwortlich zu sein, dass alles klappt. Das überfordert sie, und sie kann den Urlaub oft nicht richtig genießen. Dieser Widerspruch löst in ihr Unfrieden aus, der ihr die Freude an ihrem Talent nimmt. Wenn sie ihre Gabe annimmt, wird es leichter für sie und sie selbst fröhlicher. Dann kann sie die Verantwortung für die Dinge im Urlaub abgeben, die nicht direkt zu ihrer Freude beitragen und sie belasten. Vielleicht findet sich unter den Mitreisenden jemand, dem die Organisation Spaß macht.

Kann es sein, dass auch du für etwas, was du besonders gut kannst, in der Vergangenheit keine Anerkennung bekommen hast? Möglicherweise wurde dir sogar gesagt, dass du das nicht kannst? Wenn du in diesem Fall einen starken Widerstand gespürt hast, wütend oder sogar trotzig wurdest, dann folge dieser Sache trotzdem. Der Weg ist richtig. Auch die Dinge, vor denen du Angst hast, sind wichtige Wegweiser, denn hinter ihnen verstecken sich oft deine großen Talente.

Beispielgeschichte:

Als Kind wurde ich immer rausgeschickt, wenn sich die Erwachsenen über ernste Dinge unterhielten. Ich sah ihre langen Gesichter, und weil niemand lachte, dachte ich, sie seien unglücklich. Das machte mich traurig. Instinktiv redete ich wie ein Wasserfall, um sie auf gute Gedanken zu bringen, und machte Faxen, um sie aufzuheitern. Natürlich passte ihnen das nicht, denn es störte in diesen »philosophischen« Runden. Da sie mich immer spielen schickten, dachte ich lange Zeit, dass mit meiner Lebendigkeit und Freude etwas nicht in Ordnung war. Auch in der Schule lachte ich viel und empfand einfach alles als lustig. Man konnte mir zum Beispiel einen Löffel zeigen, und ich lachte mich kaputt, einfach, weil das Lachen so schön war. So brachte ich auch die anderen zum lachen und wurde vor die Tür geschickt oder musste sogar zum Direktor, der sagte: »Wo kommen wir denn da hin? Wenn alle lachen, dann können sie nicht richtig lernen und nehmen das Leben auch nicht ernst.« Ich lernte, dass die Schule kein Ort war, an dem viel gelacht wird. Meine Mutter sagte mir oft: »Du lachst mich aus.« Das war der Grund, warum ich mir das Lachen abgewöhnte, denn ich wollte ja nicht, dass sie das von mir dachte. Heute kann ich ihr erklären, worüber ich lache, und manchmal lacht sie dann mit.

Diese Erfahrung half mir, zu ergründen, warum wir Menschen nicht lachen. Wir denken viel zu oft, dass die Dinge nicht leicht gehen und Spaß machen dürfen. Ich verstehe dich, falls auch du noch nicht daran glaubst. Ich glaubte früher selbst nicht daran. Doch die vielen ernsten Gedanken entfernten mich von meinem Ziel, glücklich zu sein. Um zu erkennen, wie wichtig das Lachen für mich ist, musste ich einige

Umwege gehen und Gegenteiliges erleben. So kann ich dich heute ermutigen, es auch einmal mit Lachen und Fröhlichsein zu versuchen. Heute gilt Lachen sogar als anerkanntes Heilmittel. Es gibt Lachyoga, und Lachen ist gesellschaftsfähiger. Mache dir bewusst, dass es in deinem Leben um dich geht – darum, was du erleben willst.

GERADE DANN, WENN DU VIEL LACHST UND GLÜCKLICH BIST,
ÖFFNEN SICH TÜREN. ALLE WÜNSCHE ERFÜLLEN SICH,
UND DU BIST GESUND, MUNTER UND FIT.

Heute kann ich natürlich besser einschätzen, wann es angebracht ist, zu lachen, als in meiner Kindheit. Ich habe mich schon lang für mich entschieden – für mein Glück, meine Wünsche und meine Lebensfreude. Inzwischen kann ich die anderen Menschen auch ihre Probleme wälzen lassen. Meist kommen sie von selbst an einen Punkt, an dem sie das nicht mehr wollen. Lachen entsteht dann einfach aus einem inneren Glücklichsein heraus. Dieses echte Lachen steckt an, und andere Menschen lachen dann gern mit. Am meisten lachen diese Menschen über sich selbst, wenn sie merken, wie ernst sie alles genommen haben und wie schwer sie es sich teilweise gemacht haben. Wenn sie schlussendlich erkennen, dass Lachen und Fröhlichkeit die Schlüssel zu einem glücklichen Leben und zu mehr Gesundheit sind, fühlen sie sich befreit.

Ich freue mich, mein Lachen wiedergefunden zu haben. Alles geschieht aus einem bestimmten Grund und ist für etwas gut. Wenn wir uns erlauben, glücklich zu sein, dann erleben wir den Himmel auf Erden. Uns zu erinnern, dass es leicht sein darf, ist das größte Geschenk überhaupt.

Beispielgeschichte:

Für meine Mutter war es ein Geschenk, bei ihren Großeltern aufzuwachsen. Sie hatten viel Zeit, und ihr wurde jeder Wunsch von den Augen abgelesen. Ihre drei Geschwister wuchsen im Westen bei ihren Eltern auf. Lange Zeit war sie deswegen traurig und fühlte sich benachteiligt und unerwünscht. Heute erkennt sie das Gute daran. Sie hatte es viel leichter bei ihren Großeltern und konnte all ihre Interessen und Talente leben. Außerdem wohnte auch ihre Tante im Haus, bei der sie von klein auf das Kartenlegen lernte. Schon mit vier Jahren ging sie mit einem kleinen Skatblatt zu den Nachbarn und sagte ihnen ihre Zukunft voraus. Wer weiß, ob sie das bei ihrer Mutter hätte machen können? Später bekam sie dank der Beziehungen ihres Großvaters einen Ausbildungsplatz im Labor einer großen Farbenfabrik. Ihr Chef war sehr bewandert im Bereich der Astrologie und hatte eine hundert Jahre alte Astrobibliothek. So kam es, dass sie in jeder Mittagspause Astrologieunterricht erhielt. Neugierig wie sie war, sog sie alles auf, was er ihr erzählte, und sie begann, die Menschen genau zu beobachten. Heute ist sie eine anerkannte Astrologin und begleitet viele Menschen auf ihrem Lebensweg. Die Zeit bei ihren Großeltern hatte ihr diesen Beruf ermöglicht.

Wir dürfen Kinder begleiten und ihnen das Lesen, Schreiben und Rechnen beibringen. Wir dürfen sie wichtige Dinge wie das Stehenbleiben an einer roten Ampel lehren. Aber die Lebensfreude können wir von den Kindern lernen – im Hier und Jetzt glücklich zu sein, die Leichtigkeit und Verspieltheit. Jedes Kind ist anders, und so, wie die Eltern für das Kind genau richtig sind, so passt auch das Kind immer zu den Eltern. Wir haben uns sozusagen gegenseitig gerufen.

ÜBUNG:

Erinnere dich an deine Kindheit, und sage dir: »Meine Kindheit war für etwas gut.«

Notiere für dich:
Wie waren deine Eltern? Was hast du von ihnen gelernt?
Welche deiner Talente und Interessen wurden gefördert?
Welche Charaktereigenschaften oder Interessen wurden unterdrückt?

Dann formuliere deine Bestimmung:
Schreibe deine eigene Formel, indem du beides miteinander verbindest: geförderte Dinge + unterdrückte Dinge = deine Bestimmung

Zum Beispiel:
Lesen, Schreiben, Malen (geförderte Dinge) + Lachen, viel Reden, Verspieltheit (unterdrückte Dinge) = Kinderbuchautor, der seine Bücher selbst illustriert und sie Kindern vorliest

logisches Denken, Flexibilität, Erfindergeist (geförderte Dinge) + starke eigene Willenskraft, Verspieltheit (unterdrückte Dinge) = Arbeit mit Kindern

Liebe zur Natur, Wandern (geförderte Dinge) + auf Bäume klettern (unterdrückte Dinge) = Bergführer

Deine Talente und deine Bestimmung sind der Schlüssel zu deinem Glück. Danke deinen Eltern für deinen wundervollen Start ins Leben, und erkenne, dass deine Kindheit für deinen Weg gut war. Sie hat dich zu dem Menschen gemacht, der du heute bist.

Dein Beruf ist nützlich für dich und die Welt

Vielleicht hast du das Gefühl, dass dein Beruf nicht der richtige für dich ist. Dieses Gefühl kennen viele Menschen. Auch hier gilt: Dein Job ist für etwas gut. Wir erlernen einen Beruf aus den unterschiedlichsten Gründen. Vielleicht wollen wir viel Geld verdienen, und finanzielle Sicherheit spielt für uns eine große Rolle. Manchmal richten wir uns auch nach den Erwartungen der Eltern oder glauben, dass ein bestimmter Beruf uns Ansehen verleiht. Wir haben vielleicht keine andere Stelle bekommen oder wussten nicht, was wir wirklich wollten und nahmen das erstbeste Angebot an. Oder aber ein anderer meinte, dass dieser Job gut für uns wäre. Das sind nur ein paar Beispiele. Ganz egal aus welchem Grund du deinen Beruf ergriffen hast, es sollte so sein.

Bestimmt hast du schon einmal überlegt, dir einen Job zu suchen, der dir Spaß macht, aber dann gab es die verschiedensten Gründe dagegen. Vielleicht war er schlecht bezahlt, und du hättest deine Familie damit nicht ernähren können. Deine Eltern hatten vielleicht schon etwas anderes für dich geplant, oder deine Freunde rieten dir davon ab? Möglicherweise dachtest du, dass dieser Beruf nicht anerkannt ist, oder es gab deinen Traumberuf gar nicht. Egal, warum du der Idee, dir einen Job zu suchen, der dir Spaß macht, nicht nachgingst – auch das sollte so sein und war gut so. Jetzt möchte ich dich an etwas Wichtiges erinnern:

Arbeit darf Spaß machen.

Das sage ich aus meiner Erfahrung. Im Laufe meines Lebens habe ich erkannt, dass wir gerade bei der Arbeit, die uns Spaß macht, erfolgreich sind und dass sie uns alles schenkt, was wir brauchen. Was hat das aber mit dem Beruf zu tun, den du bis jetzt ausgeübt hast? Wofür ist er gut? Genau diese Arbeit hat dir eine Menge Erfahrungen geschenkt. Du konntest noch klarer erkennen, was du willst und hast Talente und Fähigkeiten entwickelt, die dich deiner Bestimmung näherbringen. Der Beruf brachte dir das Geld ein, das du benötigst, um die Dinge machen zu können, die dich interessieren. Vielleicht hat es dir zum Beispiel ermöglicht, die Werkzeuge zu kaufen, die du für deinen Traumjob benötigst. Durch deinen Beruf hast du die Menschen getroffen, die du treffen wolltest und solltest. Vielleicht hast du Kontakte geknüpft, die dich auf deiner beruflichen Laufbahn voranbringen werden. Oder du hast Menschen getroffen, in denen du dich selbst erkennen und durch die du dich weiterentwickeln konntest, vielleicht sogar deinen Partner.

Beispielgeschichte:

Früher fragte ich mich, wofür es gut gewesen sein soll, dass ich eine Ausbildung zur Wirtschaftskauffrau absolviert habe. Heute ist mir klar, dass ich meine Fähigkeit, mit zehn Fingern zu schreiben, als Autorin gut gebrauchen kann. So war die Lehre im Büro auf jeden Fall dafür gut, dass ich heute schnell tippen kann. Außerdem erkannte ich durch die Erfahrung im Büro, dass für mich ein Ausgleich zur Arbeit besonders wichtig ist. Bewegung und viel Kontakt zu anderen Menschen tun mir gut. Und: Im Lebenslauf machte sich meine Ausbildung bisher auch immer gut.

Beispielgeschichte:

Eines Tages fragte mich meine Mutter, ob ich nicht einmal im Restaurant bei einer Hochzeit aushelfen könne. So begann ich, zu kellnern. Es gefiel mir gut, denn ich konnte meine Finanzen durch das Trinkgeld aufbessern und meinen Bewegungsdrang und meine kommunikative Art voll ausleben. Deshalb erlernte ich einen zweiten Beruf, den der Restaurantfachfrau. Ich blieb diesem Beruf treu, es soll wohl so sein. Ich habe viele Menschen getroffen, Gäste und Kollegen, und konnte mich in ihnen erkennen und viele Dinge lernen. Ich legte Eigenschaften ab, die mir nicht dienten, weil ich Gäste anzog, die mir genau diese Eigenschaften spiegelten. Ehe ich diesen Zusammenhang sah, dauerte es ein wenig, doch irgendwann fühlte ich mich durch die Ungeduld und die Launen der Gäste so unwohl, dass ich die Eigenschaften an mir selbst erkannte und ändern durfte. Erst meine Veränderung hin zu einem positiven, sonnigen Gemüt brachte mir schließlich auch fröhliche Gäste. Ich interessiere mich außerdem sehr für die Psychologie und wollte schon immer wissen, wie Menschen denken und handeln. Mein Beruf ermöglicht es mir, in Ruhe die verschiedenen Charaktere zu studieren. Ich habe viele lustige Geschichten erlebt, aber auch traurige und dramatische. In meinem früheren Büro mit nur drei Kollegen hätte ich nie einen so großen Erfahrungsschatz sammeln können. Ich habe auch genug Zeit für mich, in der ich schreiben und kreativ sein kann. Bei der Arbeit habe ich viele Freunde gefunden, die mich durch mein reiches Leben begleiten, und ich darf vielen Menschen eine Inspiration auf ihrem Weg sein.

Übung:

Beantworte die folgenden Fragen für dich:

› Welchen Beruf oder welche Berufe hast du erlernt, und was war der Grund dafür?
› Was hast du erlebt, was du in anderen Jobs nicht erlebt hättest?
› Welche Talente und Gaben kannst du bei der Arbeit ausleben?
› Welche wichtigen Menschen hast du getroffen?
› Wofür ist dein Beruf bis jetzt gut gewesen?
› An welchem Punkt in deinem Leben stehst du heute nur aufgrund dieses Berufs?
› Inwiefern hat dich dein jetziger Beruf deinem Traumjob nähergebracht?

Solltest du im Konflikt mit deinen Lehrjahren sein, denke an das bekannte Sprichwort: »Lehrjahre sind keine Herrenjahre«. Deine Ausbildung, egal, ob du sie abgeschlossen hast oder nicht, war für etwas gut. Du brauchst dir jetzt keine Gedanken mehr darüber zu machen.

Sie war ein Schritt auf deinem Weg. Bestimmt hast du etwas für dein Leben gelernt oder Menschen getroffen, die wichtig für dich waren oder es sogar noch sind. Vielleicht hast du während deiner Ausbildung oder deines Studiums festgestellt, dass dieser Berufsweg nichts für dich ist. Du entscheidest dich aufgrund aller Gegebenheiten immer wieder neu. Indem du feststellst, was du nicht willst, kannst du immer klarer sehen, was du dir wahrhaft wünschst. Richte deine Energie nach vorn.

Wenn du deine Aufmerksamkeit auf Dinge richtest, die du nicht willst, auf Entscheidungen, die in der Vergangenheit liegen, bist du im Unfrieden, und das bindet deine wertvolle Energie für die weiteren Schritte auf deinem Lebensweg. Solltest du im Konflikt mit deiner aktuellen Lehrstelle, deinem Studium oder einem neuen Beruf sein, mache dir bewusst, dass es deine Entscheidung war. Doch du kannst dich immer wieder neu entscheiden, wenn du merkst, dass es doch

nichts für dich ist. Den Versuch war es wert, denn nun weißt du, dass es nicht das Richtige für dich ist. Auch wenn du einen Beruf schon ausübst und merkst, dass er nicht zu dir passt, kannst du dich neu entscheiden. Egal, wie jung du bist, du kannst immer neu beginnen! Meist sind Berufe nur für eine gewisse Zeit bestimmt. Du übst den Beruf auf dieser Ebene deines Lebens aus, auf der du dich jetzt befindest. Wenn du auf eine neue Ebene gelangst, dann wirst du vielleicht auch einen anderen Beruf wählen. Im Leben geht es immer um Wachstum und Weiterentwicklung. Wenn ein Kind Fahrrad fahren kann, wird es auch kein Dreirad mehr fahren.

Ein innerer Konflikt ist immer auch ein Widerstand, der den Strom der Fülle unterbricht, der zu dir fließt. Es ist sehr wichtig, die Widerstände loszulassen. Erinnere dich noch einmal an das Sprichwort »Lehrjahre sind keine Herrenjahre«, und hinterfrage an dieser Stelle: »Habe ich mich nicht entschieden, diesen Beruf zu lernen?« Dann wird dir bewusst, dass du der Herr bist, der dem Lehrer erlaubt, dich zu unterrichten. Wir sind in einer neuen Zeit angelangt, in der wir zugleich Lehrer und Schüler sind. Du hast dich für diese Schule, für dieses Leben, entschieden. Der Lehrer hat die Erlaubnis von dir, dir das Handwerk zu zeigen. Seine Erfahrung kann dir helfen. Und heutzutage können Lehrer und Schüler gemeinsam lernen. Alles ist richtig und für etwas gut. Genau wie im Berufsleben erinnern wir Schüler den Lehrer an etwas, und der Lehrer gibt uns sein Wissen und die passenden Werkzeuge an die Hand. Du bist der Schöpfer und hast diese Lehre gefunden, um das Leben so zu führen, wie du es willst. In diesem Sinne sind Lehrjahre doch Herrenjahre.

Krankheiten sind schon die Heilung

Diese Aussage anzunehmen, fällt dir möglicherweise nicht so leicht, vor allem, wenn du krank bist. Wenn eine Krankheit schmerzlich verläuft und dich sehr beeinträchtigt, kann sie eine große Herausforderung sein. Deshalb erkennst du meist erst hinterher, dass sie für etwas gut war.

An dieser Stelle meine ich sowohl die kleinen als auch die schweren Krankheiten. Wofür eine Krankheit in jedem Fall immer gut ist: Sie weist dich darauf hin, dass dir etwas in deinem Leben nicht guttut, und lässt dich erkennen, dass möglicherweise etwas aus dem Gleichgewicht geraten ist. Oft gibt sie uns die Möglichkeit, einmal innezuhalten, uns zu sortieren und unsere Lebensweise zu hinterfragen. Oft sind wir so im Hamsterrad gefangen, dass wir vor lauter Geschäftigkeit keinen klaren Gedanken fassen können. Eine Krankheit ist also immer gut, um dein Leben zu entschleunigen. Sie bringt dich aus dem normalen Alltag und schenkt dir Zeit für dich selbst. Sie gibt dir die Chance, eine kurze Auszeit zu nehmen, um gestärkt und entschlossen weiterzumachen – vielleicht sogar ganz anders als zuvor.

Es ist sehr wichtig, dass du dir Zeit für dich selbst nimmst. Vielleicht geht es dir wie den meisten Menschen, und du machst einfach immer weiter. So hast du es gelernt. Es gibt so viele Pflichten und Termine – die Arbeit, die Familie, der Haushalt oder Garten. Erst ganz am Ende kümmerst du dich um dich und dein Wohlbefinden, wenn dann noch Zeit übrig ist. Du bist hier auf der Erde, um zu leben. Deshalb ist eine Krankheit oft ein Impuls, dich auf dein Leben zu besinnen, dich auszuruhen und dir Zeit zu nehmen. Vielleicht verteilst du ein paar deiner Aufgaben, zum Beispiel unter den Familienmitgliedern. Das Leben soll leicht sein und Spaß machen. Doch leider wird das an keiner Schule und nur in wenigen Familien gelehrt, und diese Wahrheit wird meist nur geheim praktiziert. Deshalb hast du vermutlich die Glaubenssätze der Gesellschaft angenommen, die dir heute nicht mehr dienen. Zum Beispiel: Erst die Arbeit, dann das Vergnügen. Aber wir sind an einem Punkt der Geschichte, an dem wir alles neu ordnen können.

Immer wenn wir an einem kritischen Punkt, am höchsten Punkt des Berges, angekommen sind, muss es wieder nach unten gehen. Das Leben verläuft in Wellenbewegungen. Wenn eine Sache auf die Spitze getrieben wird, muss sie unweigerlich an einem höchsten Punkt ankommen, und es geht wieder abwärts. Genauso wird es nach dem tiefsten Wellental auch wieder aufwärts gehen. So ist es auch mit unserer Gesundheit. Wenn wir nicht gut für unseren Körper sorgen, ihm mit ungesundem Essen, schädlichen Genussmitteln oder Stress zusetzen, kommen wir irgendwann an einen höchsten Punkt, an dem es kippt. Dieser Punkt zeigt sich oft in einer Krankheit.

Beispielgeschichte:

Als Kind musste ich schmerzlich lernen, dass nicht alles lustig ist. Später neigte ich dann dazu, viel zu viel nachzudenken und alles zu hinterfragen. Ich analysierte alles und suchte immer Gründe und Erklärungen. Es konnte nicht einfach nur ein Baum sein, nein, er war ein wissenschaftliches Projekt, das erklärt werden wollte. Er bedeutete etwas und stand nicht zufällig an genau diesem Ort. Das ist ja auch richtig, aber ich dachte eindeutig zu viel darüber nach. Auch später interpretierte ich in alles und jeden etwas hinein. Das tat mir aber gar nicht gut, und ich wunderte mich, warum ich immer Kopfschmerzen hatte. Ich nahm viele Kopfschmerztabletten und trank nach dem Vorbild meines Vaters zu viel Kaffee. Von dem Problemewälzen einmal abgesehen, rauchten viele Menschen in meinem Umfeld, und ich ernährte mich nicht gesund. Ich aß alles, was mir schmeckte, und das war eben die »normale« Hausmannskost. Meine Großmutter lud häufig zu lustigen Familientreffen ein, und ich wunderte mich, wieso ich danach immer völlig fertig war. Wir tranken Kaffee und aßen die ganze Zeit: erst Braten, dann Kuchen und später noch belegte Brote. Die Familie genoss bei den Treffen noch mehr Zigaretten als sonst – in Gesellschaft schmeckten sie wohl besser. Ich rauchte selbst nie, aber weil ich dabei war, rauchte ich doch immer passiv mit. Dennoch wollte ich dabei sein, denn ich fand sie schön. Danach gab es fast immer einen Tag, an dem ich völlig flachlag und Migräne hatte. So brauchte ich nach diesen geselligen Runden immer viele Kopfschmerztabletten. An diesen Tagen nahm sich mein Körper Zeit, um Körper, Geist und Seele einmal richtig zu entgiften. Am nächsten Tag fühlte ich mich meist wie neugeboren. Damals waren mir die Zusammenhänge noch nicht bewusst. Es dauerte noch lange Zeit, ehe ich erkannte, dass ich Kopfschmerzen bekomme, wenn ich eine ganze Tüte Nüsse esse. Und wenn ich mit jemandem zu viel über Probleme rede, knockt mich das regelrecht aus. Daraus entnahm ich für mich: Probleme sind

Projekte und müssen angegangen werden. Sie lösen sich nicht, wenn ich zu viel darüber rede. Im Gegenteil: Sie verstärken sich noch, denn die Energie folgt der Aufmerksamkeit. Heute überlege ich dann kurz: Wie kann ich mit diesem Problem umgehen? Was ist zu tun? Und dann gehe ich es an. Oft heißt das für mich auch einfach einmal, loszulassen und die Lösung dem großen Ganzen, dem Universum zu überlassen. Dann geschehen oft Wunder, die ich mir zuvor gar nicht vorstellen konnte.

Wenn du krank bist, frage dich, was dir die Krankheit sagen will. Das erkennst du an dem, was sie verhindert. Was kannst du durch diese Krankheit nicht machen? Auch an dem, wozu sie dich zwingt, siehst du, was sie für dich bedeutet. Sie hilft dir dabei, das zu tun, was du dir ohne sie nicht erlaubst.

ÜBUNG:

Erinnere dich einmal an eine vergangene leichte Krankheit, und beantworte die folgenden Fragen für dich:

- Welche Ereignisse beschäftigten dich zu dieser Zeit?
- Was konntest du nicht machen, weil du krank warst?
- Wofür hattest du Zeit?
- Was hat sich dann in deinem Leben verändert?
- Gehst du die Dinge nun vielleicht anders an?
- Haben sich deine Gewohnheiten wie zum Beispiel deine Ernährung oder Bewegung verändert?

- Hat sich dein Umfeld gewandelt? Hast du zum Beispiel neue Freunde oder Kollegen, eine neue Arbeitsstelle, einen neuen Wohnort, oder hat sich etwas in deiner Familie verändert?
- Nimmst du dich heute anders wahr?

Dein Körper ist dein Freund und will dir helfen, ein immer besseres, dir entsprechendes Leben zu führen. Alles im Leben unterliegt ständiger Veränderung, einem ständigen Wachstum. Da wir Veränderungen normalerweise selbst anstoßen müssen, geschieht das oft durch ein einschneidendes Erlebnis wie eine Krankheit.

VERÄNDERUNGEN GESCHEHEN IMMER ZU DEINEM BESTEN.

Auch wenn es im ersten Moment vielleicht nicht so aussieht: Am Ende wirst du besser dastehen, leichter leben und deiner wahren Bestimmung ein Stück näher sein.

Geldmangel motiviert zur Veränderung

Egal, wie deine finanzielle Situation aussieht, sie ist für etwas gut. Das heißt nicht, dass sie sich nicht verändern darf. Das Jetzt ist der Ausgangspunkt. Im Moment ist es so, wie es ist. Es gibt eine oder mehrere Ursachen dafür, zum Beispiel frühere Erfahrungen, die dein Denken, dein Fühlen und dein Handeln in der Vergangenheit beeinflussten. Der erste Schritt ist, deinen Kontostand zu akzeptieren. Die Erkenntnis, dass er bis jetzt gut für etwas war und auch immer für etwas gut sein wird, ermöglicht es dir, ihn zu akzeptieren und in Frieden zu kommen.

Erst Akzeptanz und Frieden ermöglichen eine Veränderung.

Gerade die eigene finanzielle Situation ist für viele Menschen eine große Motivation. Sie zeigt unser Verhältnis zu uns und unser Selbstwertgefühl, das erfahrungsgemäß absolut nichts mit unserem wahren Wert zu tun hat. Frage einmal fremde Menschen, wie sie dich wahrnehmen. Du wirst staunen über ihre Antworten. Auf jeden Fall hat deine finanzielle Situation dich an den Punkt gebracht, an dem du beruflich und auch privat stehst.

Viele Menschen denken, dass sie einer Arbeit nachgehen müssen, die ihnen keinen Spaß macht, um genug Geld zu verdienen, damit sie ihre Lebenshaltungskosten decken können. Tief in dir bist du aber motiviert, aus dem Hamsterrad auszusteigen und eines Tages das machen zu können, was du wirklich liebst und woran du Freude hast.

Du bist hier, um das zu machen,
was dir Spaß macht.
Das, was dir Freude macht,
bringt auch die größte Fülle,
das meiste Geld.

Vielleicht machst du das, was dir Spaß macht, auch schon in deiner Freizeit, hast aber bis jetzt immer eine Trennung zwischen Spaß und Geld erlebt. Oft haben wir, was das Geld betrifft, so viele Glaubenssätze und Überzeugungen, dass uns die meisten gar nicht bewusst sind. Geld übt oft einen ungeheueren Druck aus. Manchmal ist es sogar das Einzige, worauf wir uns konzentrieren, und alles andere spielt die zweite Geige. Vielleicht, weil wir denken, dass wir ohne Geld nicht überleben können. Mithilfe des Geldes kannst du deine Miete zahlen und Essen kaufen. Aber wer sagt, dass du es nicht auch anders verdienen könntest als jetzt? Für mich ist Geld längst nicht mehr so wichtig, denn ich habe festgestellt, dass es uns sowieso zufließt, wenn wir unserer Begeisterung und Freude folgen. Was wir brauchen, kommt immer auf die eine oder andere Weise zu uns.

Alles, was ich brauche, bekomme ich im richtigen Moment.

Freiheit, Freude und Nahrung stehen dir zu, du weißt es nur nicht mehr. Wahrscheinlich fühlst du, dass es so ist, aber glaubst mittlerweile nicht mehr daran. Du bist vielleicht davon überzeugt, dass viel Geld dir die große Freiheit verschafft. Es gibt dir zwar eine finanzielle und berufliche Freiheit, aber die innere Freiheit kann es dir nicht garantieren. Wenn du innerlich frei bist von allen blockierenden Gedanken, Gefühlen und Erwartungen an dich selbst und andere, dann kannst du finanziellen Reichtum auch mehr genießen und tust das

Richtige damit. Wenn du im Frieden mit dir und der Welt bist und siehst, dass alles seinen Sinn hat und richtig ist, dann bist du wirklich frei. Dann kommt das Geld wie von Zauberhand zu dir, weil du das Thema losgelassen hast und im Vertrauen bist.

Bis jetzt warst du vielleicht motiviert, mehr Geld zu verdienen, weil du dir diese Freiheit davon versprochen hast. Doch Geld steht immer für etwas anderes, beispielsweise für Liebe, Freiheit oder eine bestimmte Lebensart. Sie stellen die wahre Motivation dar. Wir denken oft, dass wir den Traum von mehr Freiheit, mehr Liebe und dem Leben, das wir uns wünschen, mithilfe von Geld erfüllen können. Deshalb gehen wir die verschiedensten Wege, um finanzielle Freiheit zu erlangen.

Beispielgeschichte:

Auch ich dachte früher, dass finanzieller Reichtum mich frei machen würde. Deshalb setzte ich mich mit dem Thema eingehend auseinander. Ich besuchte Seminare und las viele Bücher. Ich wurde richtig kreativ, malte Keramikfiguren an und verkaufte sie auf dem Markt. Ich hatte mehrere Nebenjobs, verkaufte Obst, Fisch oder Kleidung. Ich lernte das Blumenbinden und hatte sogar die Möglichkeit, den Laden zu übernehmen. Ich habe es mit verschiedenen Ritualen versucht und probierte es mit Networking. Ich sammelte jede Menge Erfahrungen und war für ein wichtiges Event einer Networkfirma sogar in Las Vegas. Natürlich versuchte ich es auch einmal mit Lottospielen. Was bei all dem an Reichtum für mich herausgesprungen ist, war mehr immateriell. Ich bin gewachsen und zu der Person geworden, die den Reichtum empfangen und damit umgehen kann, weil er da ist. Ich bereue meine Suche kein bisschen, denn letztlich hat sie mich näher zu mir selbst gebracht. Und das ist der größte Reichtum überhaupt: sich selbst zu kennen, sich selbst zu lieben, alle alten Programme zu überschreiben, die ich nicht mehr bin. Wirklich reich bin ich, indem ich Bücher schreibe, gesund bin und meine Erfahrungen teile. Ich bin reich, weil ich einen Beitrag in der Welt leiste und selbst glücklich bin. Gesundheit ist Reichtum. Das tiefe Gefühl der Dankbarkeit für die Menschen, die mich umgeben und durch die ich mich auch selbst erkennen konnte, das ist Reichtum. Ich dachte immer, dass ich mehr Geld wollte, um frei sein zu können. Aber letztlich habe ich die wahre Freiheit gefunden, und die hat mit Geld nicht viel zu tun. Der innere Reichtum bringt den äußeren Reichtum mit sich. Die finanzielle Sicherheit hielt mich in dem Café, in dem ich fest arbeite. Das sollte so sein, denn dort konnte ich so viel lernen, Freunde gewinnen, meine Liebe, Freundschaft und Geschenke teilen. Ich konnte mich langsam in einem geschützten Rahmen zu der Person entwickeln, die ich jetzt bin. Wenn ich mehr Geld gehabt hätte, hätte ich all den Reichtum, den ich durch die Erlebnisse erfuhr, nie erreicht. Ich hätte nie diese Erfahrungen gemacht, wäre all den wunderbaren Menschen nicht begegnet und könnte nicht so viele Geschichten erzählen. Ja, ich kann jetzt sagen: Mein Leben ist reich.

WIR ERLANGEN FREIHEIT, AN DEM ORT,
AN DEM WIR SIND, MIT DEM GELD, DAS WIR HABEN.

Ich habe das große Vertrauen und den Glauben entwickeln dürfen, die mich ab jetzt immer begleiten, die tiefe Gewissheit, dass immer für mich gesorgt ist. Du bekommst immer zur richtigen Zeit am richtigen Ort alles, was du brauchst. Das Einzige, was deinen Reichtum unsichtbar machen kann, sind deine Glaubenssätze und Überzeugungen. Das Geld wird zu dir fließen, wenn du derjenige bist, der du tief in deinem Herzen sein willst.

Deine Motivation, Geld zu verdienen, hat dich vielleicht auf sehr interessanten Wegen zum Ziel geführt. Diese Wege sind wiederum gut für etwas. Du hast genau die richtigen Erfahrungen gemacht und Dinge erlebt, die du sonst nicht erlebt hättest. Mit viel Geld wärst du ganz andere Wege gegangen, hättest andere Menschen getroffen, wärst an andere Orte gelangt. Wenn deine finanzielle Situation anders gewesen wäre, hättest du deine Wirklichkeit nie so erlebt. Die Notwendigkeit, Neues zu lernen, zu wachsen und dich weiterzuentwickeln, wäre vielleicht nicht groß genug gewesen. Nie hättest du gelernt, andere Fragen zu stellen.

Natürlich gibt es auch Menschen, die von Anfang an viel Geld hatten. Auch das ist für sie genau richtig. Sie haben andere Ziele und wollen andere Erfahrungen machen, für die sie mehr Geld benötigen. Deshalb wurden sie in wohlhabende Familien geboren. Auch für dich ist materieller Wohlstand möglich, sonst wären diese Menschen nicht in deinem Leben. Dein Umfeld spiegelt immer dein Potenzial. Du lernst Menschen kennen, die dir helfen, bestimmte Qualitäten zu entwickeln. Sie zeigen dir deine Möglichkeiten, sind Vorbild und Inspiration für dich. Wenn du zum Beispiel tanzen lernen willst, gehst du nicht auf ein Fußballfeld, sondern in eine Tanzschule. Wenn du also reich werden willst, umgibst du dich bewusst oder unbewusst mit Menschen, die es schon sind. Du begibst dich ins richtige Resonanzfeld. Wenn du solche Menschen kennst, nimm sie als positives Beispiel. Auch für dich ist es möglich, sonst wären sie nicht in deinem Leben. Nur, was du erreichen kannst, kannst du sehen. Nur das befindet sich schon in deinem Wahrnehmungsfeld.

Übung:

Nimm ein Blatt Papier, und schreibe deine jetzige finanzielle Lage auf – wenn du magst, durchaus in Zahlen. Teile das Blatt mithilfe einer Linie in zwei Spalten. Schreibe begrenzende Sätze in die linke Spalte, zum Beispiel »Ich muss schwer arbeiten für mein Geld«. Dann wandle sie in ihre positive Entsprechung um, zum Beispiel »Das Geld fließt leicht und von überallher in mein Leben«. Schreibe deine neuen, positiven Sätze in die rechte Spalte. Trenne das Blatt in der Mitte durch, und nimm die Seite mit den begrenzenden Sätzen. Lies sie noch einmal durch, und überlege, wofür diese Glaubenssätze gut waren. Welche Wege bist du dank ihnen gegangen? Bedanke dich in dem Wissen, dass du ohne sie nicht all diese wundervollen Erfahrungen gemacht hättest. Dann zerreiße das Blatt, verbrenne die Seite mit den begrenzenden Glaubenssätzen, oder entsorge es auf andere Art und Weise. Wenn du magst, kannst du dabei auch tanzen und sie mit Kraft und Freude loslassen. Nimm nun die Seite mit den positiven Sätzen. Lies sie noch einmal durch, und hänge sie an einen Ort, an dem du sie oft siehst. Halte nach Zeichen Ausschau, die dir sagen, dass die neuen Sätze wahr sind. Das kann alles sein, was für dich Reichtum symbolisiert. Es kann beispielsweise Geld sein, aber auch andere materielle Dinge wie teure Autos, schöne Urlaubsorte, Luxus jeder Art. Deine Zeichen findest du aber auch im inneren Reichtum, in Talenten, Gaben, Gefühlen, Dankbarkeit, Frieden, Verständnis und vieles mehr.

Ärger sucht Frieden und Freiheit

Auch Ärger ist für etwas gut – und wenn er nur dafür da ist, dass du beschließt, dich nicht mehr zu ärgern. Wut belastet deinen Körper über die Maßen, dein Blutdruck steigt, und dein Herz beginnt, zu rasen. Du fühlst dich überfordert und energielos. Das soll auch so sein, denn du erkennst dadurch, dass etwas nicht stimmt. Dir wird bewusst, dass das nicht deine Bestimmung sein kann. Du bist hier, um freudig und glücklich durch dein Leben zu gehen. Dein Ärger zeigt dir ein inneres Programm, das dich am Glücklichsein hindert.

Egal, was der andere getan hat, es ist immer dein Ärger, und der kommt aus deinem System und macht etwas mit dir. Das heißt, dass der andere mit seinem Verhalten einen wunden Punkt in dir trifft. Schmerzhafte Erlebnisse sind meist mit sehr intensiven Gefühlen verbunden und haben sich dir eingeprägt. Sie wollen erlöst werden, indem du dir ihrer bewusst wirst. Andere helfen dir mit ihrem Verhalten dabei. Sie erinnern dich an diese Erlebnisse und lösen die Gefühle in dir aus, die damit verbunden sind. Werde dir bewusst, dass der andere sagen kann, was er möchte, doch wie du damit umgehst, ist immer deine Entscheidung. Nehmen wir einmal an, dass du dich immer ärgerst, wenn jemand zu dir »Du musst …« sagt. Diese Worte können nur Emotionen in dir auslösen, wenn du sie für wahr hältst. Du kannst dieses Thema erlösen, indem du dich fragst: »Muss ich denn wirklich?« Dann wirst du feststellen, dass du gar nichts musst. Natürlich hat es manchmal Konsequenzen, wenn du etwas nicht machst, aber du musst nichts tun, was du nicht tun willst. Letztlich sind die Konsequenzen, die du dir vorstellst, meist viel schlimmer, als die, die wirklich eintreten.

Wenn du in solch eine Situation gerätst, siehst du nicht mehr klar, und meist ist der Tag für dich gelaufen. Irgendwann bist du der Situation überdrüssig und beginnst, deine Wut zu hinterfragen. Was genau ärgert dich an der Sache eigentlich? Egal, was passiert ist, du ärgerst dich dabei immer über dich selbst. Vielleicht, weil diese Sache dich aus dem Gleichgewicht gebracht hat. Der andere hat so gehandelt, wie es für ihn gut war. Aus seiner und auch aus höherer Sicht hat er alles richtig gemacht. Selbst wenn nicht, dann ist es seine Baustelle. Deine Baustelle ist, dich zu fragen, was dich an der Sache ärgert. Es hat immer etwas mit dir zu tun, und das ist sogar sehr gut, denn wenn es mit dir zu tun hat, kannst du es ändern.

Meist verstehen wir nicht, wie der andere so handeln konnte, denn wir hätten natürlich alles ganz anders gemacht – so, wie es aus unserer Sicht richtig gewesen wäre. Du wirst dich besser fühlen, wenn du verstehst, dass der andere aus eigenen Gründen gehandelt hat, die mit dir nichts zu tun haben. Frage dich, welche Gründe er gehabt haben könnte. So gelangen wir oft zu Erkenntnissen über uns selbst. Der Trick ist: Wenn du dein Gegenüber verstehst, verstehst du dich selbst besser. Du wirst nachsichtiger mit dir und ihm und kommst in Frieden mit der Situation. Das wiederum erlaubt dir, mit dir selbst in den Frieden zu kommen.

Beispiel:

Stelle dir vor, du fährst auf der Autobahn. Gerade in dem Moment, als du die Spur wechseln möchtest, gibt der Fahrer schräg hinter dir Gas. In deinen Augen verhält er sich völlig rücksichtslos. Du wärest an seiner Stelle etwas vom Gas gegangen, damit der andere einscheren kann. Das wäre deine Lösung. Aus seiner Sicht gibt er Gas, damit du hinter ihm einscheren kannst und der Verkehr nicht ins Stocken kommt, denn hinter ihm ist genügend Platz. Du aber ärgerst dich – wahrscheinlich über dich selbst. Vielleicht bist du selbst oft zu rücksichtsvoll und vergisst dich dabei selbst, wodurch du schon öfters im Nachteil warst. Der andere handelt hingegen so, wie es in diesem Moment für ihn am besten ist. Das ärgert dich. Es ist wichtig, gut für dich zu sorgen. Dann bist du gelassener, und dir geht es gut. Mit dieser Haltung bist du glücklicher und kannst auch andere besser verstehen und dein Glück teilen.

Situationen wie diese sagen etwas über dich aus. In unserem Beispiel hat dein Ärger weniger mit dem Straßenverkehr als vielmehr mit dir selbst zu tun. Hier könnte die Schlussfolgerung für dich sein: »Ich nehme ab jetzt mehr Rücksicht auf mich selbst und tue das, was für mich gut ist. Das passt dann auch für den anderen am besten.« Wenn du diese Botschaft verinnerlichst und ihr folgst, indem du dir ab sofort erlaubst, deine eigenen Interessen wahrzunehmen und für sie einzustehen, wirst du auch mehr Verständnis für andere aufbringen. Wenn du dich in ihre Lage hineinversetzen kannst, wirst du auch dich selbst besser verstehen. Dieser Trick wird dich in Harmonie bringen, mit dir selbst und den anderen, und du wirst dich immer seltener ärgern.

Dein Leben wird leichter und glücklicher, wenn du dich in andere hineinversetzt.

Übung:

Erinnere dich einmal an die Situation, in der du dich zuletzt über das Verhalten eines anderen Menschen geärgert hast. Was genau ist geschehen? Was hat er gemacht? Und wie hast du reagiert? Versuche nun, dich in seine Lage zu versetzen. Was könnte den anderen dazu bewogen haben, so zu handeln? Finde mehrere Möglichkeiten.

Dann überlege:
Was hast du aus der Situation über dich gelernt?
Worauf hat das Verhalten des anderen dich aufmerksam gemacht?
Hast du dich aufgrund dieser Erfahrung entschieden, etwas ab sofort anders zu tun?

Ziehe daraus dein Fazit: Für welche persönliche Erkenntnis war diese ärgerliche Situation gut?

Wir kommen immer mehr in Frieden mit uns selbst und der Welt. Oft sind gerade die ärgerlichen Ereignisse nur Anzeichen für schon lang in uns schlummernde Blockaden. Diese kannst du erst loslassen, wenn du dir ihrer bewusst bist.

Das Ende von etwas führt auf neue Wege

Manchmal ersehnst du das Ende einer Sache, sträubst dich aber zugleich dagegen. Dafür gibt es eine einfache Erklärung: Es ist die Angst vor dem Unbekannten. Du weißt noch nicht sicher, dass das Neue gut sein wird. Dir fehlt der Glaube daran, denn es gibt noch keine sichtbaren Beweise dafür, dass es funktionieren wird. Vielleicht hast du bisher keine vergleichbaren Erfahrungen gemacht.

Das Alte, Gewohnte kennst du. In bekanntem Umfeld fühlst du dich wohl. Wenn du es verlässt, kreiert dein Geist automatisch eine Angst. Er weiß, dass die alten, vielbegangenen Wege sicher für dich sind. Erst wenn du eine Erfahrung mehrmals gemacht hast, weiß der Verstand, dass du überleben wirst. Erst dann erlaubt er dir widerstandslos, weiterzugehen.

Als kleines Kind hattest du noch keine Angst. Du stelltest dich neuen Situationen, ohne darüber nachzudenken, und warst von Natur aus neugierig und offen. Erst als du Begrenzungen von außen erfahren hast, stellte sich die Angst vor Neuem ein. Diese Begrenzungen wurden dir von deinem Umfeld auferlegt. Wenn deine Eltern dich beispielsweise auf einen Baum klettern sahen, riefen sie erschrocken: »Fall nicht runter!« Diese Möglichkeit kanntest du vor ihrer Warnung noch nicht. Doch ab diesem Moment wusstest du von ihr, und ein sehr kleines Neuronensträngchen bildete sich jetzt in deinem neuronalen Netz. Du gerietst immer wieder in Situationen, in denen du fallen konntest, und je öfter du gewarnt wurdest oder du tatsächlich fielst, desto dicker wurde der neuronale Strang. Dann dauerte es nicht mehr lang, und diese Überzeugung, zu fallen, wurde zu einem festen Bestandteil deines Glaubenssystems. Die Gedankenautobahn, das neuronale Netz »Angst«, wurde ausgebaut, und deine Gedanken strömten automatisch immer wieder auf die gleichen Bahnen.

Jetzt kommt die gute Nachricht: Genau wie dieser Gedanke sich in deinem Gehirn verankert hat, kann sich auch ein neuer bilden. Alte Gedankenautobahnen werden nicht mehr benutzt, wenn du neue baust. Trainiere den neuen Gedanken. Es heißt, dass es 21 Tage dauert, bis sich ein neuer Strang im neuronalen Netz gebildet hat. Dann hast du eine neue Gewohnheit in deinem Leben etabliert.

ÜBUNG:

Überlege dir einen neuen förderlichen Gedanken, zum Beispiel »Ich schaffe alles, was ich wirklich will«, schreibe ihn auf, und hänge ihn an einen Ort, an dem du ihn oft siehst, zum Beispiel an deinen Spiegel. Trainiere den Gedanken nun immer wieder, indem du ihn aussprichst, sooft du daran denkst. Finde Beweise dafür, dass der neue Gedanke wahr ist. Mache diese Übung mindestens 21 Tage lang. Schreibe deinen neuen Satz jeden Tag in deinen Kalender. Am ersten Tag schreibst du »21« daneben, und an den folgenden Tagen zählst du abwärts: Am zweiten Tag schreibst du »20«, am dritten »19« und so weiter. Wenn du bei »1« ankommst, hast du den neuen Gedanken als Glaubenssatz sicher verankert. Er ist nun zu einer Gewohnheit geworden und wirkt von selbst.

Werde dir bewusst, dass jedes Ende auch immer ein Neuanfang ist. Wenn etwas Altes geht, gibt es Platz für etwas Neues.

Betrachte einmal dein Leben. Als du auf die Welt kamst, musstest du das Bekannte hinter dir lassen, doch dies war der Beginn deines Lebens. Das Ende deiner Kindheit bedeutete den Anfang deiner Jugend. Und auch das Ende der Schulzeit war für dich ein Neuanfang. Es gab dir die Möglichkeit, einen Beruf zu erlernen oder zu studieren, du lerntest neue Freunde, Aufgaben, Freuden und Perspektiven kennen. Mit jedem neuen Beginn wurde dein Leben noch besser, denn du entwickeltest dich stets weiter, gingst voran, wurdest immer reicher an Erfahrungen und Möglichkeiten.

Als Seele bist du vollkommen und das allerbeste Selbst, das du sein kannst. Aber als du auf die Erde kamst, musstest du das vergessen, um die Erfahrungen zu machen, die für dich wichtig sind. Im menschlichen Leben kommt es darauf an, sich immer weiterzuentwickeln, immer weiter zu wachsen. Wenn du aufhörst, zu wachsen, stirbt dein Körper, jedoch niemals das, was du immer sein wirst: die grenzenlose Energie, Liebe und Freude. Diese wird immer wieder eine neue Form annehmen. Sie ist ewig und wird wieder einen neuen Körper bewohnen. Wenn etwas nicht mehr der Freude, der Liebe und dem grenzenlosen Wachstum entspricht, dann verlässt die Energie ihren materiellen Körper. Das kannst du im ewigen Kreislauf der Natur beobachten.

Ein Baum wächst so hoch in den Himmel, wie er kann, er dehnt seine Äste und Blätter ganz aus, bis er sein volles Potenzial ausgeschöpft hat. Dann bleibt er eine Weile, bis ihn seine Lebensenergie schließlich verlässt und er stirbt. Auch jedes lebendige Geschöpf wächst so lang, wie es kann, und wenn es nicht mehr wächst, dann geht seine Energie in eine neue Form über. Deshalb ist das Ende von etwas zugleich immer ein Neubeginn.

Bestimmt hast auch du schon vieles hinter dir gelassen – Menschen, Situationen, dein Zuhause. Meist verweilst du gedanklich noch eine Zeit in Vergangenem. Aber manchmal bemerkst du auch gleich eine große Erleichterung. Vielleicht hat dir die Situation schon lang die Kraft geraubt und dich bedrückt, aber du hieltst trotzdem noch an ihr fest. Das kam daher, dass dein Verstand sich mit der Situation arrangiert hatte, weil er sie kannte. Wenn du auch nicht ganz glücklich warst, so wog dein Verstand dich zumindest in Sicherheit. Das Hauptanliegen deines Verstandes ist dein Überleben. Alles, was er nicht weiß und kennt, versetzt ihn in Alarmbereitschaft. Der naheliegendste Schritt ist für ihn, am Bekannten festzuhalten.

Beispielgeschichte:

Kennst du das? Du bist nicht glücklich mit deinem Job, und trotzdem fällt es dir schwer, fortzugehen. Ich erlebte diese Situation mehrmals. Ich fühlte mich fremdbestimmt und in meiner Freizeit eingegrenzt. Urlaub bekam ich nur dann, wenn es dem Betrieb passte, und nicht, wann ich es mir wünschte. Ich hatte diese Entscheidung ganz an meinen Arbeitgeber abgegeben. Heute weiß ich, dass wir die Schöpfer unseres Lebens sind, aber damals war mir das nicht bewusst. Hatte ich doch von meinen Eltern gelernt, dass man tun muss, was der Chef vorgibt, um Geld zu verdienen. Deshalb sah ich damals nur einen Weg, die Situation zu ändern: Eine Kündigung und ein Neuanfang. Zwar können sich die Bedingungen auch ändern, aber an diese Möglichkeit glaubte ich damals noch nicht. Ich wollte sofort ein neues Leben mit neuen Arbeitszeiten. Ich tat den Schritt und kündigte den Job um meiner selbst und meines neuen Lebens willen. Ich fand eine passende Arbeit und hatte mehr Zeit für mich und für meine Beziehung. Natürlich lernte ich auch viele neue Menschen kennen und ging ganz neue Wege. Was ich durch den Wechsel der Arbeitsstelle allerdings auch zum ersten Mal bemerkte: Ich veränderte mein Umfeld, aber nicht mich selbst. Doch es ist immer sinnvoll, zuerst eine innere Veränderung zu durchlaufen, ehe wir das Umfeld wechseln. Ansonsten werden die neuen äußeren Bedingungen sich wieder unseren inneren Glaubensmustern anpassen.

Wenn du etwas verändern willst, fange bei dir an.

Alles um mich war neu, aber ich war dieselbe. Nach einer Weile fühlte ich mich wieder fremdbestimmt und ärgerte mich über den Chef. Das führte mich zur nächsten Arbeitstelle, die wieder eine kleine Verbesserung brachte und mich in meinem Wachstumsprozess unterstützte. Wieder dauerte es nicht lang, und neue Schwierigkeiten schlichen sich in mein Leben ein. Das war ein guter Ausgangspunkt, um zu erkennen, was in meinem Inneren zu diesen äußeren Umständen führte. Mir wurde klar: Es musste etwas in mir geben, was mich noch immer blockierte und mein Glück verhinderte. Als ich mein Inneres veränderte, brauchte ich die Dinge im Außen nicht mehr zu beenden. Entweder sie gingen von selbst, oder sie blieben und ich war trotzdem glücklich.

Wieso bedeutet jedes Ende einen neuen Anfang? Alles verändert sich immer zum Besseren. Du beobachtest, was geschieht und wie du dich dabei fühlst. Dann entscheidest du neu, wie du dich fühlen willst, und dir werden Möglichkeiten gezeigt, wie du deine Entscheidung verwirklichen kannst. Das Leben findet immer einen Weg, damit du dich zu der großartigen Person entfalten kannst, die du bist.

Alles dient meinem Wachstum,
der Entwicklung zu dem großartigen,
grenzenlosen Wesen, das ich bin.

Wer ich bin, erkenne ich an dem, was mich glücklich macht und sich gut und richtig anfühlt. Ich erkenne es an der Leichtigkeit und dem Frieden in mir.

Mein Glück ist mein Kompass.

Übung:

Erinnere dich an ein wichtiges Ende in deinem Leben. Wähle am besten eine Situation, die dir zuerst nicht leicht fiel, zum Beispiel das Ende eines Arbeitsverhältnisses oder eine Trennung. Was war dem Ende vorausgegangen? Wie hast du dich davor gefühlt? Wie ging es dir? Vermutlich ging es dir nicht gut, und du hast dich unwohl gefühlt. Beobachte zum Vergleich deine Gefühle danach. Was hat sich durch die neue Situation verbessert? Wer bist du durch die neue Situation geworden? Du wirst feststellen, dass du dich hinterher leichter fühlst und eine regelrechte Aufbruchstimmung verspürst. Du erhältst einen Energieschub, der dir Kraft und Mut gibt, die Veränderung zu meistern.

Absagen bewahren dich vor Irrwegen

Eine Absage kann uns eine große Hilfe sein, unseren Weg zu finden. Manchmal wissen wir nicht, was wir wirklich wollen. In diesem Fall bekommen wir Zeichen, die uns helfen, es herauszufinden. Das Leben hilft uns immer.

Bestimmt hast du schon die eine oder andere Absage bekommen. Vielleicht kam sie von einer Person, mit der du zusammen sein wolltest. Vielleicht ging es auch um einen Job, einen Studien- oder Ausbildungsplatz? Die Absagen kamen, weil noch etwas viel Besseres auf dich wartete, vielleicht dein Seelengefährte oder eine Stelle, die perfekt zu dir passte. Manchmal denkst du, dass du etwas Bestimmtes erreichen willst, obwohl es nicht deinen wahren Wünschen entspricht. Diese sind manchmal verborgen. Du hast dich vielleicht so mit deinem Umfeld arrangiert, dass du meinst, dass du es willst. Die Erwartungen anderer Menschen wirken immer auf dich, vor allem die derjenigen, die dir besonders wichtig sind.

Dieses Thema ist sehr komplex. Vertraue dir selbst und dem großen Ganzen, dass sich alles zur richtigen Zeit zeigen wird. Du wunderst dich, wenn etwas nicht klappt und du eine Absage bekommst. Im ersten Moment fühlst du dich vielleicht abgelehnt und weißt nicht, dass es nicht sein soll. Eine Absage macht dich letztlich stärker und bringt dich auf den Weg, den du wirklich gehen willst. Sie bringt dich mit den Menschen zusammen, die besser zu dir passen.

Beispielgeschichte:

Eine Freundin suchte einmal eine neue Wohnung. Sie hatte genaue Vorstellungen, wusste, wo sie gelegen sein sollte, wünschte sich ein Tageslichtbad, einen Balkon und einen großen Eingangsbereich. Sie hatte sich schon einige Wohnungen angeschaut und öfters gedacht, dass die richtige dabei war. Doch jedes Mal kam irgendetwas dazwischen, und sie bekam immer wieder Absagen. Das sollte so sein, denn die perfekte Wohnung fand sie erst, als sie nicht mehr so intensiv danach suchte. Sie hatte einen Urlaub gebucht und die Reise sollte bald beginnen. Genau in diesem Moment kam die perfekte Wohnung zu ihr. Der Umzugstermin fiel genau in die Woche nach dem Urlaub, und alles passte perfekt: Die Wohnung hatte noch ein paar zusätzliche Vorteile, an die sie zuvor nicht gedacht hatte, zum Beispiel eine Einbauküche. Außerdem befand sie sich in dem Stadtteil, in dem sie bereits wohnte. Obwohl sie zuerst in eine andere Gegend ziehen wollte, wurde ihr im Nachhinein bewusst, dass sie sich in ihrem Stadtteil so wohlfühlte, dass sie gern dort blieb.

So waren die Absagen für die anderen Wohnungen gut, denn sonst hätte sie ihre perfekte Wohnung nicht gefunden und vielleicht auch keinen Urlaub gebucht.

Übung:

Erinnere dich einmal an deine Schulzeit zurück.

- Welche Pläne hattest du als Schüler, die du verwirklichen wolltest?
- Hattest du einen Berufswunsch, der sich nicht erfüllt hat?
- Welchen Beruf hast du stattdessen erlernt, oder was hast du studiert?
- Welchen Berufsweg hast du eingeschlagen?
- Was hast du dabei gelernt, was dir heute noch dienlich ist?

Ziehe daraus dein Fazit: Wofür war es gut, dass du deinen früheren Berufswunsch nicht verwirklicht hast? Erkenne, dass es genau so, wie es gekommen ist, gut für dein jetziges Leben war.

Oft geschehen die Dinge ganz anders, als wir es uns vorstellen. Du wirst mittlerweile schon bemerkt haben, dass das Leben einem viel größeren Plan folgt. Den großen Zusammenhang kannst du aus deiner Perspektive nicht sehen. Doch es passt alles zusammen, und jeder Schritt ist richtig und wichtig. Eine Absage bringt dich auf den für dich richtigen Weg. Und wenn du deinem Weg folgst, trägst du zum Wohle des gesamten Universums, des großen Ganzen bei. Deshalb ist jetzt der richtige Moment, all deinen noch vorhandenen Groll gegen die Absagen, die du bekommen hast, loszulassen. Du wirst merken, wie du dich immer leichter fühlst. Du wirst in Frieden kommen mit allem, was geschehen ist. Vielleicht hattest du in deiner Jugend einen Schwarm, der dich zurückgewiesen hat. Möglicherweise hast du noch Kontakt zu ihm und siehst heute, dass das Leben, das er heute führt, nicht das Leben ist, das du dir wünschst. Oft sind gerade die Dinge oder Menschen, die du nicht bekommen hast, am reizvollsten. Das liegt daran, dass du die Absage persönlich genommen hast. Du fühltest dich schlecht, abgewiesen und nicht geliebt. Damals hast du die Zusammenhänge noch nicht erkannt. Aber heute wird dir klar, dass dieser Partner, diese Arbeit oder diese Wohnung nicht die richtig für dich ist.

Unterbrechungen sagen Halt

Kennst du das? Du bist mitten in einem Telefonat, und auf einmal rauscht es, und das Gespräch ist unterbrochen. Du unterhältst dich gerade mit einer Freundin, und dann redet jemand dazwischen. Oder du bist mit einem wichtigen Projekt beschäftigt, und dein Kind will etwas zu essen. Im ersten Moment ärgerst du dich über die Unterbrechung und bringst deinen Ärger vielleicht auch zum Ausdruck. Wenn du aber weißt, dass sie für etwas gut ist, kannst du viel entspannter mit solchen Situationen umgehen. Die Unterbrechung hilft dir vielleicht, endlich einmal eine Pause zu machen. Dein Projekt begeistert dich so sehr, dass du dein körperliches Wohl vernachlässigt und nicht genug gegessen oder getrunken hast. Möglicherweise ging das Telefongespräch sowieso in eine unangenehme Richtung. Oder es war freudig, aber du hast zu früh über einen Wunsch und dessen Erfüllung gesprochen.

Das Huhn gackert auch erst, wenn das Ei gelegt ist.

Möglicherweise solltest du die Sache auch nicht weiter mit demjenigen Menschen besprechen. Es könnte sein, dass es zu früh ist, darüber zu sprechen. Wenn du zum Beispiel einen Samen zu früh ausgräbst, kann er nicht weiterwachsen.

Wenn du bei etwas unterbrochen wirst, sage dir, dass es so sein soll und dass es für etwas gut ist.

Unbehagen weist auf Unwahrheit hin

Es gibt immer wieder Situationen, in denen du dich unwohl fühlst. Auch dieses Gefühl ist für etwas gut. Es sagt dir immer, dass etwas schief läuft und nicht stimmt. Das, was du erlebst, denkst oder fühlst, ist nicht die Wahrheit. Denn alles, wovon du denkst, dass es dich schlecht fühlen lässt, ist eine Illusion. Alles, womit es dir gut geht, ist die Wahrheit.

Wir alle haben eine ganz genaue Vorstellung davon, wer wir sind und wie unser Leben ist. Auch du hast deine Geschichte irgendwann einmal in deinen Gedanken geschrieben, damit du dein Leben genauso erleben kannst, wie du es geplant hast, mit all seinen Herausforderungen und Hindernissen. Du hast deine wundervolle, interessante Geschichte erdacht, um ein Abenteuer zu erleben, genau wie Kinder im Sandkasten einfach Spiele erfinden. Nur ist dein Spiel als Erwachsener viel komplexer. Damit es spannend bleibt, hast du vergessen, dass du dir alles nur ausgedacht hast. Jetzt denkst du, dass deine Geschichte, deine Vorstellung von dir und deinem Leben, wahr ist.

Immer wenn du dich in einer Situation unwohl fühlst, hast du die Möglichkeiten, dich zu erinnern, wer du wirklich bist. Du kannst dich mit äußeren Geschehnissen unwohl fühlen, aber auch mit deinen Gedanken. Letztlich wirst du dich daran erinnern, dass du ein grenzenloses Wesen bist, das alles erreichen kann. Dann wirst du dich selbst für die tolle Geschichte beglückwünschen, die du dir ausgedacht hast. Um sie zu erkennen, fühlst du dich jedes Mal unwohl, wenn du etwas erlebst, was nicht der großen Wahrheit entspricht. Früher oder später wirst du diese Gedanken, Gefühle und Ereignisse hinter dir lassen wollen. Spätestens dann fragst du dich, warum du dich so fühlst, wieso du so denkst und warum du dieses Erlebnis hast. Wenn dann dein

Verstand genug Antworten auf diese Fragen gefunden hat, merkst du, dass sich nichts ändert, im Gegenteil. Doch auch davon hast du irgendwann genug, und dann bist du bereit, loszulassen.

Endlich kann der Verstand denken, was er will. Du weißt, dass es nur Gedanken sind, die nicht der Wahrheit entsprechen. Das ist wichtig, damit etwas Neues geschehen kann. Jetzt kannst du die richtige Frage stellen: »Was kann ich tun, damit es mir fantastisch geht?« Überlege, mit welchen Menschen, in welchen Situationen und bei welchen Tätigkeiten du dich richtig wohlfühlst. Triff diese Menschen öfter, und beschäftige dich mehr mit den Dingen, die dir ein gutes Gefühl geben. Du hast diese tollen Momente schon sehr oft erlebt. Allerdings fragst du dich in diesen Wohlfühlphasen vermutlich nie, warum es dir so gut geht. Nur wenn du dich unwohl fühlst, überlegst du, warum das so ist. Das hilft dir dabei, dir bewusst zu werden, was dir guttut.

Vielleicht kommt dir das umständlich vor – warum muss es dir erst schlecht gehen, damit du das Gute erkennst? Das kommt daher, dass du gelernt hast, bestimmte Dinge machen zu müssen. Möglicherweise dachtest du, dass die anderen es von dir erwarten, oder glaubtest, dass du deine Eltern stolz und glücklich machst, wenn du dich so verhältst. Dass du so dachtest, sollte bis jetzt auch so sein. Du hast es dir selbst so ausgedacht.

Erst über die Situationen und Menschen, die dich unwohl fühlen lassen, erkennst du deine wahre Natur. Wenn du sie lebst, wirst du dein Ziel erreichen, dein erfülltes, glückliches Leben. Du wirst nicht aufgeben, ehe du es verwirklicht hast.

Erst vergisst du, wer du bist. Du vergisst damit auch alles, was dich ausmacht, was dich glücklich macht. Du vergisst, welche Talente du besitzt. Dann erinnerst du dich wieder daran und freust dich darüber, dass du dich wiedergefunden hast. Genauso, wie du dich mehr über deine Gesundheit freuen kannst, wenn es dir einmal richtig schlecht ging, kannst du dein Wohlbefinden mehr schätzen und genießen, wenn du Versteck mit dir selbst spielst. Deine Mitmenschen helfen dir dabei, dieses Versteckspiel so gut wie möglich zu spielen. Du wirst feststellen, dass du immer glücklicher wirst auf deiner Reise, weil du dich immer mehr an dein wahres Wesen erinnerst. Wenn du dich unwohl fühlst, machst du dich auf die Suche nach der Ursache. Das Unwohlsein ist deine Chance, mit dir selbst und den anderen in Frieden zu kommen. Frieden ist überhaupt dein wichtigstes Bestreben. Nur wenn du mit dir und der Welt in Frieden bist, kannst du auch glücklich sein. Der Frieden wird sich einstellen, weil du dich selbst immer mehr entdeckst.

DU BIST EIN GRENZENLOSES, MÄCHTIGES WESEN,
DAS ALLES NUR ERFUNDEN HAT,
UM DIESES SPIEL ZU SPIELEN.

Wenn du das verinnerlicht hast, dann kannst du ein neues Spiel spielen, in dem du frei von inneren und äußeren Begrenzungen bist. Du beginnst ein neues, glückliches Leben, in dem alles möglich ist.

Beispiel:

Nehmen wir einmal an, du hast einer Freundin versprochen, zu ihrem Mädelsabend zu kommen. Eigentlich hast du schon den ganzen Tag keine rechte Lust dazu, du weißt nicht warum, aber irgendwie bist du nicht in Stimmung. Aber du willst deiner Freundin auch nicht absagen, weil sie sich schon so freut. Deshalb fährst du zu ihr, obwohl du dich unwohl dabei fühlst. Es gibt leckeres Essen und Trinken, und alles ist sehr nett vorbereitet. Später wollt ihr ein Hochzeitsvideo anschauen. Während des Essens sprecht ihr über die Beziehungsprobleme einer der Freundinnen. Das behagt dir gar nicht. Alle ereifern sich im Gespräch, und jede will der Freundin helfen. Dein Kopf brummt, du fühlst dich immer unwohler. Deshalb beschließt du, nach Hause zu fahren. Jetzt merken die anderen, wie schlecht es dir geht, und sprechen nicht mehr über das Problem der Freundin. Automatisch gehen die Gespräche in eine andere Richtung. Das Video wird eingelegt, und dein Unwohlsein hat allen den Abend gerettet, denn sofort beschäftigen sich alle wieder mit etwas Schönem – was wieder Schönes bringt. Du könntest dir bewusst werden, dass du an diesem Tag vielleicht selbst zu viel Negatives gedacht hast. Laut dem Gesetz der Resonanz ist das sogar sehr wahrscheinlich so. Vielleicht bleibst du dann nächstes Mal wirklich zu Hause, oder du schaust, dass du zuerst gute Laune bekommst.

Beispiel:

Nehmen wir einmal an, du fliegst in deinem Urlaub immer ans Meer und in die Sonne. Alle fühlen sich pudelwohl, außer du. Du hast helle Haut und hältst dich von der Sonne fern. Die Hitze verträgst du nicht gut, und meist geht es dir erst abends besser, wenn es kühler ist. Du kannst dich im Schatten aufhalten oder erst am Abend rausgehen. Oder du planst gleich einen Urlaub in einer für dich angenehmeren Umgebung. Vielleicht fährst du zu Zeiten weg, in denen es nicht ganz so heiß ist, zum Beispiel im Frühling. Oder du verbringst deinen Urlaub an anderen Orten, vielleicht in den Bergen. Auf jeden Fall bist du kein Sonne-Strand-Meer-Typ. Das hast du durch dein Unwohlsein erfahren. Sobald du das weißt, finden sich die richtigen Menschen, mit denen du den Urlaub machen kannst, der für alle angenehm und erholsam ist.

Achte in jeder Situation darauf, ob du dich wohlfühlst oder nicht. Es ist so toll, wenn du weißt, wer du bist und was du magst. Dann wirst du immer passende Wegbegleiter finden. Dein Unwohlsein hilft dir, dich besser kennenzulernen.

Übung:

Denke an die für dich schlimmste Situation oder Sache, die dich immer sehr unwohl fühlen lässt. Schreibe sie auf. Mache dir bewusst, dass hinter ihr ein großes Versprechen dir selbst oder einem dir wichtigen Menschen gegenüber steht. Schließe Frieden damit, und mache dir bewusst, welche Geschenke sie dir gegeben hat. Was konntest du nur durch diese Situation oder Sache erleben? Schreibe alles auf, was dir einfällt, und zelebriere dann ein Loslassritual (siehe nächste Seite), und entscheide dich neu.

LOSLASSRITUAL:

- Schreibe auf ein Blatt Papier, was du loslassen möchtest, zum Beispiel die Situation, in der du dich immer wieder unwohl fühlst. Vielleicht sagst du beispielsweise immer Ja, obwohl du Nein sagen willst.

- Zeichne darunter zwei Spalten. In die linke Spalte schreibst du das Schlimmste, was geschehen könnte, wenn du das tust, was du dir eigentlich wünschst. In die rechte Spalte schreibst du, wie gut es dir gehen wird, wenn du deinem Herzen folgst.

- Trenne den Zettel entlang der mittleren Linie in zwei Hälften. Die linke Hälfte übermalst du mit einer liegenden Acht, einem Herz oder einem anderen Symbol, das für dich Heilung bedeutet. Schaue dir das Geschriebene noch einmal an. Dann verbrenne es vorsichtig, und bedanke dich für die Heilung, für die magische Lösung für alle Beteiligten.

- Die rechte Hälfte kannst du noch einmal schön auf ein neues Blatt abschreiben. Schmücke sie richtig aus, mit bunten Farben, Blumen, Ballons oder anderen Dingen, die du magst. Dann klebe ein Foto von dir daneben, das dich in absoluter Leichtigkeit und Freude zeigt.

- Hänge das Blatt über deinen Schreibtisch, an den Kühlschrank oder an einen anderen Ort, an dem du es oft siehst. Du kannst es auch abfotografieren und als Bildschirmschoner auf dem Computer oder als Hintergrundbild auf deinem Handy verwenden.

WAS LEICHT GEHT, SOLL SEIN UND IST RICHTIG.

Unklarheit führt zu mehr Fokus

Unklarheit ermöglicht dir unglaublich vielfältige Erfahrungen. Ohne sie würdest du ohne Umwege direkt auf dein Ziel zugehen, und das wäre genauso spannend, wie wenn der Held in einem Abenteuerfilm durch das Tor spaziert und die Prinzessin, den Schatz und das Königreich einfach bekommt. Wo bliebe da die Spannung? Wo die Überraschung? Wo blieben da die Gefühle, das Bangen, das Hoffen, der Schmerz, die Aufregung und die Freude?

Es kommt der Tag, an dem du genug von der Unklarheit hast. Du willst endlich vorankommen und nicht immer wieder dieselben Dinge erleben, die dich doch nicht glücklich machen. Von diesem Tag an willst du Klarheit. Du fragst dich, was du wirklich willst, und bist fest entschlossen, herauszufinden, was dich glücklich macht. Du nimmst dir vor, auf dein Ziel, dein Glück, zuzugehen. Die gute Nachricht ist: Du wirst es erreichen! Deine Entscheidung und dein Einverständnis sind gefragt. Dir wird bewusst, dass es wichtig ist, worauf du deine Aufmerksamkeit richtest. Sehr schnell wirst du beobachten, dass das, worauf du dich konzentrierst, einen immer größeren Platz in deinem Leben einnehmen wird.

Dein Fokus bestimmt dein Erleben.

Wenn du oft über Probleme redest, findest du dich immer wieder in problematischen Situationen wieder und begegnest anderen Menschen mit Problemen. Beschäftigst du dich hingegen mit dem nächsten Urlaub, dann wirst du Gespräche über Urlaube führen und hören. Du findest Reiseprospekte in deinem Briefkasten und E-Mails zu schönen Urlaubsorten in deinem Postfach. Das macht Spaß, und du willst mehr Glücksgefühle erleben. Sie lassen die Zeit schneller vergehen, und dann steht bald schon der nächste Urlaub an. Bis dahin erschaffst du mit deiner Vorfreude schon im Alltag ein Urlaubsgefühl. Wenn du über Lösungen nachdenkst, findest du viele. Wenn du aber darüber nachdenkst, warum es unmöglich ist, Urlaub zu machen – weil zum Beispiel kein Geld da ist, die Katzen gefüttert werden müssen, du die Freundin in ihrer schwierigen Situation nicht allein lassen kannst –, dann rückt der Urlaub in weite Ferne.

Du bist fest davon überzeugt, dass das, was du erzählst, die Wahrheit ist. Sagst du beispielsweise, dass du keinen Urlaub machen kannst, wird dies zu deiner Wirklichkeit. Oder du berichtest deinen Freunden von einem Missgeschick. Vielleicht stellst du es lustig dar und alle lachen mit dir. Doch es ist keineswegs egal, was du erzählst, denkst oder fühlst und womit du dich beschäftigst. Das Leben reagiert auf deine Gedanken, Gefühle und Worte wie ein Navigationssystem auf die Eingabe des Autofahrers. Es nimmt deine Gedanken, Gefühle und Worte als angestrebtes Ziel an. Somit »fährst« du in Richtung des eingegebenen Ziels. Du bewegst dich auf deinem Lebensweg auf das zu, was du gesagt, gedacht oder gefühlt hast. Wenn du über die Vergangenheit redest, dann begibst du dich in die Vergangenheit, denn das hast du in dein Navigationssystem eingegeben. Wenn du über Probleme redest, dann fährst du weiter auf der Straße der Schwierigkeiten.

Deshalb ist es so wichtig, dem Leben die richtige Richtung einzugeben. Sprich über Dinge, die du erleben willst. Trainiere deinen Geist, und beschäftige dich nur mit dem, was du dir wünschst. Das ist am Anfang eine echte Herausforderung, denn die Gedanken laufen automatisch nach dem Muster, nach dem du bisher gedacht hast. Du merkst an deinen Gefühlen und deinem Umfeld, worauf du deinen Fokus bis jetzt gerichtet hattest. Wenn dir etwas in deinem Leben nicht gefällt, dann denke neu, sprich über andere Themen, und fühle neu.

Deine schlechten Gefühle und Gedanken helfen dir, an diesen Punkt zu kommen. Dafür ist deine Unklarheit gut. Denn wie immer darf dir erst einmal bewusst werden, was du nicht willst, ehe du es ändern kannst. Damit du dich für dein neues, klares Leben entscheiden kannst, muss dir erst einmal bewusst sein, dass du dir unklar darüber bist, was du wirklich willst. Deine Unklarheit ist gut dafür, dass du dich fragst: Was will ich denn wirklich? Was ist mein wahres Ziel? Was macht mich glücklich?

Übung:

Nimm dir für diese Übung mindestens 20 Minuten Zeit für dich. Koche dir einen Tee, und zünde eine Kerze an.

Dann finde Antworten auf die folgenden Fragen, und schreibe sie auf:
Was möchte ich schon lang verändern?
Wobei drehe ich mich im Kreis?
Wo erlebe ich dieselben Situationen immer wieder neu?

Entscheide dich ganz bewusst für Klarheit und Veränderung. Schließe deine Augen, und frage dich selbst: »Was will ich stattdessen?« Lasse die Frage los, atme ruhig in den Unterbauch hinein – durch den Mund ein, durch die Nase wieder aus. Denke an gar nichts, und konzentriere dich mindestens 8 Minuten lang nur auf deinen Atem, bis du langsam in eine leichte Traumphase gelangst. Deine Antwort wird ganz klar aus deinem Inneren aufsteigen. Komme zurück in den Moment, und schreibe sie gleich auf. Nun, da du weißt, was du willst, wirst du darauf zugehen und es auch erreichen.

Deine Vergangenheit gibt dir Ziele

Hier meine ich deine ganze Vergangenheit. Alles war gut, wie es war – jedes Erlebnis, jede Beziehung, jede Entscheidung. Wir neigen schnell dazu, zu sagen, dass etwas anders hätte sein sollen: »Wäre das nur anders gewesen.«, »Er hätte mehr auf mich eingehen sollen.«, »Meine Eltern hätten mich mehr lieben sollen.«, »Wäre ich nur fleißiger gewesen!«, »Wäre ich nur nicht so wütend geworden.«, »Ich hätte weniger essen sollen.«, »Wieso war ich nicht freundlicher oder großzügiger?« oder »Hätte ich mich nur anders entschieden.« Gedanken mit den Wörtern »hätte« oder »wäre« kennen wir alle, und meist geht es uns durch sie sehr schlecht. Ich kann dir versichern: Alles ist genau so gekommen, wie es kommen sollte. Wenn du dich anders verhalten solltest, hättest du es getan. Doch dann wäre dein Leben auch ganz anders verlaufen, und du hättest andere Erfahrungen gemacht. Du wärest vielen Menschen nicht begegnet. All diese Dinge haben dich zu der Person werden lassen, die du jetzt bist.

WENN EINE SACHE ANDERS HÄTTE SEIN SOLLEN,
DANN WÄRE SIE ES AUCH GEWESEN.

Dessen bin ich mir absolut sicher. Alle Gedanken, die das anzweifeln, schaffen nur Unfrieden und lenken deine Energie weg vom Hier und Jetzt. Der gegenwärtige Moment ist der einzige, in dem etwas geschieht. Nur in diesem Moment kannst du mit deinen Gedanken und Gefühlen deine Zukunft gestalten. Auch das soll so sein. Dass du dieses Buch nun liest, ist ein Zeichen dafür, dass du bereit bist, in Frieden mit allem zu sein – sonst hieltest du es nicht in deinen Händen. Du kannst dich entspannt zurücklehnen und dein Leben beobachten. Du kannst es einfach auf dich zukommen lassen und dir sagen: »Mal sehen, wofür es wieder gut ist.«

Gehe die Dinge gelassener an, und du bist gesünder, fröhlicher und glücklicher. Mit dem Wissen, dass sowieso alles geschieht, wie es geschehen soll, geht es dir gleich viel besser. Du wirst sehen: Alle Worte, die du sagst, und alle Erlebnisse, die du hast, sind die allerbesten für dich. Du wirst zu dem allerbesten Leben geführt, das für dich möglich ist. Wenn du das Jetzt annimmst, kann die Energie frei durch dich fließen. Da du in deinen Gedanken ab jetzt nicht mehr mit den vergangenen Erlebnissen kämpfst, wird sich dein komplettes Leben verändern. Du wirst staunen, was alles für dich möglich ist. Deine Energie fließt frei in Richtung deiner Wünsche und Träume. Du kannst wieder glauben und vertrauen.

DU BIST HIER, UM GLÜCKLICH ZU SEIN.

Du wirst feststellen, dass du dir das Leben mit deinem Widerstand selbst schwer gemacht hast. Aber auch das sollte so sein, denn es hat dich an den Punkt gebracht, an dem du aus tiefstem Herzen loslassen konntest. Du kommst unweigerlich an diesem Punkt an, an dem du einfach keine Lust, Kraft und Energie mehr hast, zu kämpfen.

ALLES, WAS SCHLECHTE GEFÜHLE IN DIR AUSLÖST, BRINGT DICH DAZU, ES LOSZULASSEN.

All diese negativen Dinge sind wie Widerstände in einer Leitung, die verhindern, dass all die Fülle, die Liebe und das Glück, die dir zustehen, zu dir gelangen können. Die schönen Erlebnisse können erst geschehen, wenn du die Widerstände entfernst. Stelle dir eine Lampe vor. Ihre Aufgabe ist es, zu leuchten. Wenn sie nicht leuchten soll, musst du den Lichtschalter ausschalten. Das heißt, dass du einen Widerstand zwischen dem immer fließenden Strom und der Lampe herstellst. Jeder hinderliche Gedanke und jedes negative Gefühl ist genau so ein Widerstand – sozusagen der Ausschalter –, der zwischen dir und dem ewigen Strom des Lebens, der Fülle und der Liebe steht. Lege den Lichtschalter um, indem du deine Widerstände erkennst und sie beseitigst. Das gelingt durch Akzeptanz. Das Wissen, dass alles bis jetzt für etwas gut war, um dich an diesen Punkt in deinem Leben zu bringen, wird dich erleichtern. Dann wird dein Licht leuchten. Alles Unangenehme macht dich auf solche Widerstände aufmerksam, ob es eine Krankheit ist, eine Absage oder ein Streit. Ab jetzt kannst du sie loslassen und dich dem großen Ganzen anvertrauen.

Übung:

Erinnere dich einmal an eine vergangene Situation, die dir noch heute ein schlechtes Gefühl gibt. Nimm am besten die erste, die dir einfällt. Wer war an diesem Erlebnis beteiligt? Was ist geschehen? Was denkst du noch heute darüber? Mache dir bewusst: Was denkst du, durch diese Situation verpasst zu haben? Wisse, diese Gefühle und Gedanken halten den Strom der Fülle, der Liebe und der guten Dinge von dir fern. Sie schalten dein Licht aus. Erkenne, wofür es gut war, dass alles genau so gekommen ist. Schließe dann Frieden damit, indem du alle Gedanken und Gefühle loslässt und sie dem Universum übergibst. Hierbei hilft dir das folgende kleine Ritual:

› Nimm ein Blatt Papier, und schreibe als Überschrift die Worte »Magische Erledigungsliste für das Universum« darauf.
› Schreibe alles, was dich belastet und was du geklärt haben möchtest, in Kurzform oder einem Wort auf. Das können Situationen, Menschen, Orte oder Dinge sein – alles, was dir kein gutes Gefühl gibt, gehört auf deine Liste.
› Schreibe hinter jede einzelne Angelegenheit die Lösung, die du dir wünschst: Ein »E« für Eliminieren, ein »A« für Annehmen oder ein »N« für Neuerung. Rechne aber auch mit anderen Lösungen, mit Wundern.
› Schreibe unter die Liste: »Danke, danke, danke für die magische, perfekte Lösung für alle Beteiligten.« Wenn du willst, sprich diese Worte laut aus.
› Lege die Liste an einen besonderen Ort, zum Beispiel in eine Schatzkiste oder Glücksdose. Du wirst erleben, wie die Dinge sich auf magische Weise klären – eines nach dem anderen. Immer wenn sich eine Angelegenheit gelöst hat, kannst du ein Smiley, eine Sonne, ein Herz oder ein anderes Symbol, das sich richtig für dich anfühlt, dahinter malen und dich nochmals bedanken.

Wenn du dieses Ritual vollendet hast, gehe einen Schritt weiter, und konzentriere dich auf dein Wohlbefinden. Kümmere dich um dich, tue, was dir guttut. Das Wichtigste ist dein Strahlen. Mehr braucht es nicht – weder Geschenke noch Taten. Du bist das größte Geschenk, wenn du strahlst und leuchtest. Damit inspirierst du die Menschen um dich herum. Wenn es dir selbst gut geht, wird es auch allen Menschen um dich herum gut gehen.

Dankbarkeit öffnet dein Herz

Du wirst spüren, wenn tiefe Dankbarkeit dich durchflutet. Es ist ein unbeschreibliches Gefühl, das dein Innerstes berührt. Ein Gefühl der Gewissheit durchdringt dich, und du weißt auf einmal, dass alles nur für dich geschehen ist. Das gesamte Universum ist für dich da, ja, du bist ein Teil davon. Dass dieses Gefühl aus der Quelle kommt, erkennst du daran, dass es sich bis in die kleinste Zelle deines Körpers und darüber hinaus ausbreitet. Du fühlst Verbundenheit und Liebe für alles und jeden. Dieses unglaubliche, tiefe Gefühl, das dir eine Gänsehaut am ganzen Körper und Tränen der Rührung schenkt, ist plötzlich da wie eine tiefe Einsicht, ja, eine Erleuchtung. Es gibt viel mehr, als du mit deinen fünf Sinnen wahrnehmen kannst.

»Es gibt mehr Dinge zwischen Himmel und Erde, als Eure Schulweisheit sich träumen lässt.«

William Shakespeare

Das Gefühl der Dankbarkeit kannst du nicht anfassen und nicht sehen, nicht riechen oder schmecken, aber es ist trotzdem da. Es durchströmt dich, wenn du nicht damit rechnest. Wenn du plötzlich spürst, dass du vollkommen geliebt bist, genau so, wie du bist, ist es da. Alles ist zu deinem Wohl und zu deinem Besten.

Die Energie der Dankbarkeit zu spüren,
ist das größte Geschenk,
das dir jemals gemacht wird.

Du kannst die Dankbarkeit einladen, indem du dich von dem Gedanken, dass alles für etwas gut ist, ganz durchdringen lässt. Dich wird unweigerlich eine tiefe Dankbarkeit erfassen, die dein ganzes Sein erfüllt. Sie wird jede Zelle deines Körpers erbeben lassen und deine Augen mit Tränen füllen angesichts der Genialität des Lebens, des Wunders, am Leben zu sein. Sie wird deine Seele berühren, und du kannst gar nicht anders, als fasziniert zu staunen und dich zu wundern, wie gut alles passt. Diese Dankbarkeit wirst du nie mehr vergessen.

DANKBARKEIT ZU FÜHLEN, BEDEUTET, NACH HAUSE ZU KOMMEN.

Wahre Dankbarkeit erweckt das tiefe Wissen in dir, dass es viel mehr für dich gibt, als du jemals zu hoffen wagtest. Du weißt plötzlich, dass immer für dich gesorgt ist. Es kommen bestimmt noch viele Momente in deinem Leben, in denen du die Dankbarkeit nicht spürst, aber die Sehnsucht und das Wissen bleiben. Du wirst alles unternehmen, um dieses mächtige Gefühl immer wieder zu spüren.

Die Dankbarkeit wird dich für das Wunder des Lebens öffnen. Du wirst erkennen, dass all die Dinge, wie sie geschehen sind, dein wundervolles Leben ausmachen. Du wirst verstehen, warum alles so ist, wie es ist. Denn Dankbarkeit hebt dich auf eine andere Schwingungsebene, auf der du dich mit allem verbunden fühlst: mit den Menschen in deinem Leben und mit dir selbst, mit der Energie, die dich durchströmt. Du wirst die Wunder sehen, darüber staunen, was es alles gibt, und du wirst dein wundervolles Leben schätzen. Denn nichts ist selbstverständlich.

Vergiss auch nicht, dir selbst dafür zu danken, dass du bis hierhin gegangen bist. Danke dir dafür, dass du dieses Buch mit erschaffen hast. Lobe und liebe dich dafür. Du wolltest dieses Buch haben. Du willst in Frieden mit allem kommen und hast eine Vision von deinem Leben. Danke dir dafür, dass du immer daran geglaubt hast, dass es möglich ist, diese Vision zu verwirklichen. Du wirst dankbar für deine Erfahrungen sein, denn du wirst merken, dass jede einzelne wichtig und richtig war, um dein Ziel zu erreichen. Was du vielleicht nicht weißt, ist, dass es dein Ziel, dein Wunsch, war, das alles zu erleben. Wenn du dich immer daran erinnert hättest, dass du ein grenzenloses Wesen bist, das alles machen und haben kann, wärst du andere Wege gegangen und hättest andere Erfahrungen gemacht. Andererseits hättest du dann gar nicht auf die Erde zu kommen brauchen. Du hättest direkt im Himmel bleiben können, in dem friedlichen, liebevollen, freien Energiefeld, das sich jedoch selbst nicht wahrnehmen kann. Schon allein das ist ein Wunder.

Du bist hier, weil du Abenteuer erleben und die vielen Gefühle spüren willst. Du bist hier, um zum Beispiel Dankbarkeit zu fühlen. Oft fühlst du erst Dankbarkeit, wenn es dir einmal richtig schlecht ging. Der Kontrast des Gegenteils lässt dich wieder schätzen, was du vielleicht als selbstverständlich angenommen hast. Dir war nicht bewusst, wie großartig es ist, gesund, wohlauf und glücklich zu sein.

Übung:

Schreibe Dankesbriefe an all die Menschen, die dich umgeben. Du brauchst sie nicht abzusenden. Fange mit deiner Familie an. Dann schreibe an deine Freunde, an deine Kollegen, an den netten Kellner im Café, der immer einen guten Rat hat, an den Postboten, der die täglich deine Briefe bringt, an den Hausmeister, der dir hilft, wenn etwas in deiner Wohnung kaputt gegangen ist. Schreibe einen Dankesbrief an die nette Frau, die dir neulich die Tür aufgehalten hat, an das Kind, das dich angelächelt hat. Schreibe allen, die dir einfallen, wofür du dankbar bist. Zum Beispiel:

Liebe Mama,
ich danke dir dafür, dass du mir den Weg in diese wundervolle Welt geebnet hast. Danke, dass du mich immer angehört und getröstet hast. Du hast für mich gesungen und mir vorgelesen, und dafür bin ich dir dankbar. Danke, dass du mir all die schönen Dinge auf der Welt gezeigt hast, die Vögel, die Bäume, die Blumen, die Tiere, die Früchte, den Himmel, die Sterne und die Sonne. Du warst immer für mich da, hast Essen für mich gekocht, meine Wäsche gewaschen und mir bei den Hausaufgaben geholfen. Du warst immer für mich da und hast mir all dein Wissen mit auf meinen wundervollen Weg gegeben. Danke für deine grenzenlose Liebe, die du immer für mich empfunden hast. Ich danke dir, dass du es immer gut gemeint und alles getan hast, was du konntest, damit aus mir ein wundervoller Mensch werden konnte. Danke für meine Wurzeln und meine Flügel. Ich danke dir von Herzen, dass du mir dieses wundervolle Leben geschenkt hast.

Du wirst feststellen, dass allein der Brief an deine Eltern sich endlos fortführen lässt. Wenn du nicht so gern schreibst, kannst du dich auch aufnehmen. Indem du den Menschen in deinem Leben dankst, wirst du sehr schnell die grenzenlose Liebe spüren, die dich immer begleitete und immer begleitet.

Das Abenteuer deines Lebens kannst du mit einem fantastischen, wundervollen, spannenden Film vergleichen. Du kennst das aus Filmen, die du gesehen hast: Ein Held lebt sein Leben, befindet sich also an einem Ausgangspunkt. Dann geschieht etwas Unvorhersehbares, der auslösende Moment, der eine Entscheidung erfordert. So wie es war, geht es auf einmal nicht mehr weiter. Du bist der Held in deinem Leben, deinem Film. Also wählst du als Held ein neues Ziel, und deine Reise zu diesem Ziel hin beginnt. Auf deinem Weg begegnen dir wahrscheinlich einige Hindernisse und auch Menschen, die sich dir in den Weg stellen. Diese wirst du überwinden, denn du hast ja ein Ziel, das du auf jeden Fall erreichen wirst. Du wirst vielleicht einige Umwege gehen, und deine Reise führt dich durch Täler und über Berge. Es wird Augenblicke geben, in denen du nicht weiterkommst. Dann triffst du genau im richtigen Moment Menschen, die dich begleiten und dir helfen, dein Ziel zu erreichen. Manche gehen nur ein kurzes Stück des Weges mit dir, und andere bleiben länger bei dir. Du wirst feststellen, dass du nie allein bist. Du hast immer Freunde und Helfer an deiner Seite. Meist triffst du auch einen weisen Menschen, einen Mentor, der dir hilft, wichtige Erkenntnisse zu sammeln und die großen Antworten in dir selbst zu finden.

Wenn du dein Leben als eine Heldenreise ansiehst, dann kannst du nur dankbar sein – ja, auch für alle Umwege, denn wäre es nicht langweilig, wenn alles immer glattgehen würde? Wir sind so gestrickt, dass wir Herausforderungen lieben, auch wenn du das Gegenteil glaubst. Sie sind es, die dich antreiben. Ist nicht die Sache, die so schwer zu bekommen ist, besonders reizvoll? Also kannst du auch für die Herausforderungen dankbar sein, denn sie machen dein Leben spannend und lassen dich lebendig fühlen.

Aus einer unangenehmen Situation, die ich an dieser Stelle einmal mit dem Drachen, der vor einer Schatzhöhle sitzt, vergleichen möchte, entstand die Idee zu diesem Buch. Es war meine Herausforderung, den Drachen mit den Waffen zu besiegen, die ich besaß: Verständnis, Mitgefühl, Akzeptanz und die Fähigkeit, Frieden zu schließen. Nachdem ich den Schatz gehoben, die Herausforderung gemeistert hatte, erkannte ich die **ersten drei Schritte** für den Umgang mit solchen Herausforderungen:

1. **die Situation annehmen**
2. **wieder aufstehen und neue Entscheidungen treffen**
3. **Frieden schließen**

Meine eigene Not machte es zu einem Herzensanliegen für mich, dieses Wissen, dass alles für etwas gut ist, mit dir zu teilen. Mit dieser Lebenseinstellung kannst du mit schwierigen Situationen besser umgehen. Auch möchte ich dich noch einmal ermutigen, nur aus den richtigen Gründen die Dinge zu machen und mit den Menschen zusammen zu sein, mit denen du dich wohlfühlst. Ein richtiger Grund ist zum Beispiel, dein Leuchten zu teilen, einfach so. Ich möchte das einmal mit einer Rose vergleichen. Sie blüht und duftet, ohne eine Gegenleistung zu erwarten. Sie hört auch nicht auf zu duften, nur weil die anderen Rosen noch nicht erblüht sind. Die Rose zeigt den Knospen um sie herum allein durch ihr Blühen, was aus ihnen werden kann. Weitere richtige Gründe sind Liebe, Mitgefühl, und das Gefühl, anderen etwas zu geben, ohne etwas zu erwarten, einfach, weil du so viel hast, was du geben kannst.

Deine Schwingung erschafft deine Welt

Ab jetzt brauchst du nur noch darauf zu achten, dass es dir gut geht und dass du glücklich bist. Es werden sich wundervolle Wege ergeben. Den ersten Schritt bist du gegangen, indem du die Entscheidung für dein neues, glückliches Leben getroffen hast. Mache nun weiter, und gehe jeden Schritt, der sich dir zeigt. Du brauchst nichts zu überstürzen. Dein weiterer Weg wird sich Schritt für Schritt ergeben. Du wirst wissen, wann es Zeit ist, zu handeln, und du wirst wissen, wann es Zeit ist, abzuwarten. Folge einfach deiner Freude und dem, worauf du Lust hast. Alles, was nicht mehr mit deinem neuen Weg übereinstimmt, wird sich auflösen, und es ergeben sich neue Möglichkeiten, neue Gelegenheiten, wenn du deinen Interessen und deiner Leidenschaft folgst.

Verbringe möglichst viel Zeit mit den Dingen, die dich begeistern, die dir Spaß machen und die dir ein leichtes, freudiges Gefühl schenken und dich die Zeit vergessen lassen. Triff dich mit den Menschen, mit denen du deine schönen Erlebnisse teilen kannst und dich wohlfühlst, die sich mit dir freuen und an dich glauben. Schaue nach vorn. Frage dich immer wieder: »Was macht mich jetzt glücklich? Wozu habe ich jetzt Lust?« Und dann tue es. Du wirst feststellen, dass die Menschen und Dinge, die nicht mehr zu deinem neuen Weg passen, von allein verschwinden oder sich mit dir verändern. Tue mit den Mitteln, die du hast, das, was du kannst. Sieh die Zeichen, die dir sagen, dass alles, was du dir wünschst, auf dem Weg zu dir ist. Sie helfen dir, glücklich zu bleiben und zu vertrauen. Auch wenn du die Erfüllung noch nicht sehen kannst, werden dir die kleinen Hinweise des Lebens helfen, daran zu glauben. Bleibe glücklich, dann ergibt sich alles wie von selbst.

Deinen Verstand kannst du mit schönen Fragen beschäftigen. Er denkt sowieso die ganze Zeit, deshalb gib ihm etwas Schönes zum Denken. Schön sind alle Dinge, die dir ein gutes Gefühl schenken. Frage dich zum Beispiel: »Was macht mich glücklich?«, »Welche Sachen habe ich schon erfolgreich geschafft?«, »Was kann ich alles?«, »Wofür bin ich dankbar?«, »Welchen Menschen kann ich heute eine Freude machen?«, »Womit kann ich mir eine Freude machen?«, oder: »Wofür war alles gut?« Wenn du deinen Verstand mit den richtigen Fragen beschäftigst, dann ist er dein Freund und Helfer. Dann wirst du automatisch immer glücklicher. Und wenn du glücklich bist, dann siehst du immer mehr Dinge, die dich noch glücklicher machen. Wenn du nicht denken willst, dann tanze, bewege dich, denn dabei kann dein Verstand nicht denken. Oder singe ein Lied. Beobachte ein spielendes Kind, ein Tier, die aufgewirbelten Blätter oder die vorbeiziehenden Wolken. Träume vor dich hin.

NICHTS MUSS, ALLES KANN.

Am Ende ist immer alles für etwas gut. Warum solltest du nicht schon jetzt damit anfangen, glücklich zu sein? Und wenn es dir einmal schwerfällt, dann tue einfach so – dann bist du es auch.

WENN DU SO TUST ALS OB,
ENTWICKELN SICH ECHTE GLÜCKSGEFÜHLE.

Warum nicht gleich mit der Gelassenheit des reifen Menschen leben, der die Zeit und das Leben genießt und mit allem in Frieden ist? Warum nicht gleich das Leben genießen und hier und jetzt glücklich sein und jede Minute wirklich leben, egal, was die anderen tun oder denken?

Ich wünsche dir von ganzem Herzen viele schöne Erkenntnisse darüber, wofür all die Dinge gut waren in deinem Leben. Die Hauptsache ist, dass sie sich für dich gut anfühlen.

TRÄUME DIR DIE WELT SCHÖN, DANN IST SIE ES.

Über die Autorin

Marion Leuschner hatte bereits in ihrer Kindheit eine Leidenschaft fürs Schreiben. 2015 veröffentlichte sie ihren ersten Roman. Am schwärzesten Punkt ihres Lebens lernte sie, sich für die Botschaften des Universums zu öffnen und ihrer inneren Stimme zu vertrauen. Zutiefst bewegt von der neuen Art, die Welt zu sehen, beschloss sie, ihr Wissen weiterzugeben. Nach einer Coachingausbildung sowie diversen Weiterbildungen im spirituellen Bereich hat sie bereits einige Workshops zum Thema »Erfolgreich wünschen« veranstaltet. Ihr Motto: Das Wichtigste ist, zu vertrauen und zu glauben.

Bildnachweis

Bilder von der Bilddatenbank www.shutterstock.com:

Schmuckelemente: Blüten: #131327450 (©redstone), blauer Hintergrund Fotos: #150761495 (©HorenkO), Hintergrund Übungen: #173827883 (©arigato), Hintergrund Beispiele und Beispielgeschichten: #281559518 (©Phonlamai Photo)

Weitere Bilder: S.4: #1177640212 (©Tatyana Soares), S.7: #678302509 (©Anna Ok), S.10: #93164824 (©Anatoli Styf), S.12: #466082447 (©Aksenova Natalya), S.15: #751275172 (©TOMO), S.19: #281650271 (©zakalinka), S.20: #553082026 (©ATeam), S.23: #469799378 (©PopTika), S.25: #236420179 (©FWStudio), S.26: #1184144119 (©Rawpixel.com), S.31: #238399852 (©Dirk Ercken), S.32: #771595108 (©Tero Vesalainen), S.34: #243711673 (©Roobcio), S.38: #1095091028 (©Cristina Conti), S.41: #609433457 (©Oleg Krugliak), S.42: #1121045471 (©iMoved Studio), S.44: #1201537207 (©flyingv3), S.50: #583571326 (©Sunny studio), S.55: #57929806 (©nikkytok), S.56: #1171523914 (©Billion Photos), S.61: #55067665 (©Andrea Haase), S.62: #91464653 (©Ollyy), S.64: #76885294 (©lithian), S.67: #78006172 (©JanBussan), S.69: #771197707 (©frankie's), S.70: #81595774 (©dam_point), S.72: #85209766 (©Mikadun), S.75: #80788591 (©Triff), S.76: #618026519 (©Watchara Ritjan), S.79: #1156266832 (©Narith Thongphasuk), S.82: #332341229 (©lovelyday12), S.84: #770336959 (©frankie's), S.86: #85819045 (©Roman Sakhno), S.89: #579255274 (©frankie's), S.90: #135370421 (©Sakarin Sawasdinaka), S.93: #112711654 (©creativemarc), S.94: #113295238 (©Piotr Krzeslak), S.97: #113690857 (©Andrekart Photography), S.98: #113754637 (©Elena Schweitzer), S.100: #116505001 (©Ozerov Alexander), S.102: #135573032 (©Kostenko Maxim), S.104: #1083806558 (©frankie's), S.107: #757021963 (©frankie's), S.111: #1207391530 (©Plateresca), S.112: #1039439872 (©lovelyday12), S.116: #556952440 (©pim pic), S.118: #1008129595 (©Pra Chid), S.121: #735818056 (©apichon_tee), S.122: #214076050 (©Annette Shaff), S.125: #682897339 (©SewCream), S.129: #211461262 (©Annette Shaff), S.130: #227690767 (©jakkapan), S.133: #212944696 (©Masson)

Danke für deine REZENSION

– Gemeinsam sind wir mehr –

Liebe Leserin, lieber Leser,
von Herzen danken wir dir, dass du dieses Buch in den Händen hältst und es bis zum Ende gelesen hast. Das bedeutet uns, dem Schirner Verlag und seinen Autoren, sehr viel. Aus voller Überzeugung und mit Hingabe widmen wir uns seit vielen Jahren Themen, die unser aller Lebensqualität und Bewusstwerdung dienlich sind, und hoffen, einen Beitrag für eine lichtvollere Welt leisten zu können. Wenn dir unsere Arbeit gefällt, möchten wir dich bitten, dir einige Minuten Zeit zu nehmen, um dieses Buch zu rezensieren. Warum? Die meisten Menschen lesen Rezensionen, bevor sie ein Buch kaufen, da sie hierdurch einen Eindruck bekommen, ob und wie der Inhalt des Buches den Leser erreicht hat. Eine kurze Rezension ist dabei ebenso hilfreich wie eine lange, sehr ausführliche. Um es auf den Punkt zu bringen:

Eine Rezension ist heutzutage die beste Werbung für ein Autorenwerk!

Wenn du den Schirner Verlag und seine Autoren neben dem Buchkauf auch anderweitig unterstützen willst, dann bitten wir dich: Schreibe für jedes Werk eine Rezension – am besten auf der Seite, wo du es gekauft hast, und zusätzlich beim Schirner Verlag und bei Amazon. Das wäre nicht nur eine Wertschätzung für die Autoren, sondern kann dazu beitragen, dass die Verkaufszahlen steigen und der Schirner Verlag auch in herausfordernden Zeiten Bestand hat.

WIE SCHREIBT MAN EINE REZENSION?

Grundsätzlich sollte eine Rezension aus der eigenen, subjektiven Sicht geschrieben werden, da es sich um eine persönliche Meinung handelt. Du kannst in zwei Sätzen deine Gedanken zu dem Buch äußern oder eine längere Rezension verfassen. Falls du nicht weißt, wie du beginnen sollst, hier ein paar Anregungen:

- War das Buch leicht verständlich geschrieben? Wie hat dir die Sprache gefallen? Wie empfandest du die Aufteilung der verschiedenen Themen?
- War es unterhaltsam? War es deiner Meinung nach mit Herzblut und Liebe geschrieben? Wie hat es auf dich gewirkt?
- Hat es dein Herz berührt? Konntest du dich wiederfinden?
- War es tief greifend genug? Hast du viel Neues gelernt?
- Hat es gehalten, was der Titel und die Buchbeschreibung versprochen haben? Hat es deine Erwartungen erfüllt?
- Was macht das Buch besonders? Warum sticht es heraus im Vergleich zu anderen Büchern, die ein ähnliches Thema behandeln?
- Würdest du das Buch weiterempfehlen oder verschenken?

Dankeschön